言语特殊困难儿童沟通能力康复训练手册

国家出版基金项目
0~6岁残疾儿童沟通能力康复训练手册

香港复康会

世界卫生组织（WHO）康复协作中心 著
香港复康会，中山大学出版社本丛书项目组 编译

中山大学出版社
·广州·

版权所有　翻印必究

图书在版编目（CIP）数据

言语特殊困难儿童沟通能力康复训练手册/世界卫生组织（WHO）康复协作中心著；香港复康会，中山大学出版社本丛书项目组编译．—广州：中山大学出版社，2015.3

（0～6岁残疾儿童沟通能力康复训练手册）

ISBN 978-7-306-05186-8

Ⅰ．①言… Ⅱ．①世… ②香… ③中… Ⅲ．①语言障碍—儿童—教育康复—手册 Ⅳ．①G762.2-62

中国版本图书馆 CIP 数据核字（2015）第 024691 号

出 版 人：	徐　劲
策划编辑：	葛　洪　熊锡源
责任编辑：	葛　洪　熊锡源
封面设计：	邓传志
责任校对：	陈　霞
责任技编：	黄少伟
出版发行：	中山大学出版社
电　　话：	编辑部 020-84110283，84111996，84111997，84113349
	发行部 020-84111998，84111981，84111160
地　　址：	广州市新港西路 135 号
邮　　编：	510275　　传　真：020-84036565
网　　址：	http://www.zsup.com.cn　E-mail：zdcbs@mail.sysu.edu.cn
印 刷 者：	虎彩印艺股份有限公司
规　　格：	787mm×1092mm　1/16　9.75 印张　167 千字
版次印次：	2015 年 3 月第 1 版　2020 年 1 月第 4 次印刷
定　　价：	22.00 元

如发现本书因印装质量影响阅读，请与出版社发行部联系调换

摘　　要

　　这套手册主要是给为沟通困难的孩子及家长提供服务的中层康复工作人员而撰写的，但相信亦适合医疗及教育工作者。

　　手册内容包括沟通的基本资料，如正常发育及早期的识别；此外，亦有全面阐述评估及展示如何厘定目标的章节。接下来的章节详细地解释了5类常见沟通困难的成因，分别为智力障碍、脑瘫、听力损伤、多重残疾及其他特殊的情况。以上每个章节包含评估的例子及目标的厘定，还有给家长及工作人员的意见及教学提议。

　　此外，还有详细地解释游戏重要性的章节，亦有提供在日常生活情景中增进沟通技巧的内容。最后的章节分别讲述如何进行小组活动及与教育联合。

　　出版此套手册的目的是希望能为康复工作人员提供可参考及实用的资料，提高他们的服务水准，从而改善孩子的生活质量。

前　言

以下内容摘自原著 Dr. Enrico Pupiln（Rehabilitation Unit，WHO）的序及 Dr. Timothy Stamps（Minister of Health，Zimbabwe）的前言。

此套手册在津巴布韦的医疗部门支持下，由工作于当地的两位言语治疗师 Helen House 及 Jenny Morris 撰写。世界卫生组织安排专家对资料进行审阅，务求令内容达至国际水准。参与审阅的专家包括瑞典 Handicap Institute 的 Ms M. Lundman；University of Manchester 的 Ms J Warner，Ms J Marshall；World Federation for the Deaf 的 Ms Liise Kauppinen；International Federation of Hard of Hearing 的 Dr. Mark Ross；前世界卫生组织复康组人员 Dr. Ann Goerdt。此手册由世界卫生组织及联合国儿童基金会共同制作及派发，并且得到 Swedish International Development Cooperation 的支持。

津巴布韦医疗部门 Dr. Timothy Stamps 之补充：

津巴布韦于 1989 年进行了一次全国性残疾人口普查，结果显示，超过 50% 的残疾儿童有沟通困难。然而，在此方面的康复服务非常匮乏。沟通困难是常被人误解的残疾现象，故在世界各地往往被人所忽略。有关沟通的训练是近年才被重视起来的。

此套手册由两位于津巴布韦工作的合资格言语治疗师撰写，内容建基于他们过往 4 年于 Children's Rehabilitation Unit of Harare Hospital 培训复康技师及在城乡与残疾孩子及家长工作的经验。我们希望其他国家的康复工作人员能得到此套手册，并且从中获益。

作者自述

此套手册内容建基于过往数年于津巴布韦的工作经验,出版之目的是希望在协助有沟通困难的孩子的工作上提供实用的指引。

手册内容强调,最佳训练有沟通困难的孩子的时机是当孩子的年龄在6岁以下时。所有愿意协助有沟通困难的孩子的人均有能力帮助该孩子。对孩子来说,最重要的是家人的帮助及社区的支持,但医疗及教育部门人员的理解亦是相当关键的。此套手册的目的是就以下范畴提供建议:

■改善孩子的沟通能力;

■多方面的沟通方法;

■协助父母替孩子发展沟通能力;

■联系其他参与协助有沟通困难的孩子的人员。

我们的最终目标是改善孩子的生活质量。

沟通是人类的基本需要。

通过沟通我们可以表达自己,包括我们的信念、我们的想法及我们的意见。每一个人的沟通方法都是不同的。通过沟通,我们能与他人建立友谊与关系,并且成为有价值的社交个体。

序　言

2006年联合国大会通过和发布了《残疾人权利公约》。该公约明确地提出了残疾儿童"适应性训练"（habilitation）的概念，倡导要协助由于先天残疾或在儿童早期获得的残疾而致功能障碍的残疾儿童得到适应性训练的服务，以改善其功能，其中也包括残疾儿童语言沟通能力的康复训练。

沟通能力包括口头语言交流沟通的能力、姿势和表情语言交流沟通的能力，以及利用辅助器具和手段进行交流沟通的能力。

对语言沟通能力障碍的儿童及早进行康复训练极其重要，理由如下：

● 沟通能力的发育从一出生后便开始了，而出生后头几年，正是沟通和语言能力发展最快的时期，在此期间进行积极而有效的语言沟通能力的训练，能取得较好的效果。

● 儿童语言沟通能力和水平，对儿童心理精神状态的发展、学习能力和职业技能的培养、家庭和人际关系的培育，以及个人独立生活和融入社会，都有着极其重要的影响。因此，抓紧残疾儿童语言沟通能力的训练，是促进他们日后全面发展的一个策略。

正因如此，国内外康复界和教育界都很重视推广普及有关残疾儿童语言沟通能力的康复训练。由世界卫生组织（WHO）康复协作中心著、香港复康会以及中山大学出版社联合编译的这套"0～6岁残疾儿童沟通能力康复训练手册"，肯定将会对国内残疾儿童沟通能力的康复训练提供巨大的推力和助

力。

这套丛书的内容和编排方式有以下几个特点：

● 重视阐述清楚残疾儿童沟通能力康复训练在原理上和方法上的共性和特性。在共性方面，讲清沟通的基本概念、沟通能力的正常发展、对沟通困难的早期识别、日常生活中沟通技能的培养；在特性上，根据造成沟通困难原因的不同，其障碍表现和康复训练方法也有其差异之处，本丛书分别对几个不同的病因，即"脑瘫""智力障碍""言语特殊困难""听力损伤""多重残疾"等引起的沟通能力障碍，分册介绍其障碍表现的不同特点，以及训练上不同的方法。

● 以社区康复服务为背景，具体介绍在社区和家庭用得上、简便易行、效果确实的残疾儿童语言沟通能力训练方法，充分利用社区环境促进康复。

● 照顾到中国的社情、民情、文化背景，本丛书在编译时，于适当的场合下，对一些案例的描述，注意到尽量贴近中国本土的情况，使读者感到更为亲切并便于理解。

作为一套有关残疾儿童康复理论与方法的实操性读物，本丛书适合于康复界（尤其残疾儿童康复界）人士、特殊教育教师、有关家长、保育人士以及社区康复工作者参阅使用。我衷心祝贺本丛书成功地出版发行，并造福于有沟通能力困难的残疾儿童和他们的家长。

中山大学附属第一医院康复医学教授

（世界卫生组织康复协作中心主任）

卓大宏

2014 年 12 月 22 日

目 录

第 1 章　引言 ·· 001

　一、什么是"言语特殊困难" ··· 001

　二、本书的结构 ·· 002

第 2 章　沟通能力与言语特殊困难儿童的沟通问题 ················ 005

　第 1 节　什么是沟通 ··· 005

　　一、沟通的基本概念 ·· 005

　　二、沟通循环 ·· 007

　　三、信息媒介 ·· 009

　　四、沟通需要记住的重点 ··· 015

　第 2 节　沟通能力的正常发展 ··· 016

　　一、"健康之路"表 ··· 016

　　二、"健康之路"表中涉及的正常沟通能力 ··························· 019

　　三、"沟通房子" ··· 019

　　四、沟通能力的发展 ·· 020

　　五、孩子如何学习沟通所需要的技能 ·································· 021

　　六、关于沟通正常发展需要记住的重点 ······························ 022

第3节　对沟通困难的早期识别 ……………………………… 023

一、为什么早期识别孩子的沟通困难很重要 ……………………… 024

二、我们应该注意什么 ……………………………………………… 024

三、孩子沟通困难的原因 …………………………………………… 025

四、关于导致孩子沟通困难的原因需要记住的重点 ……………… 030

第4节　言语特殊困难儿童的沟通问题 …………………………… 031

第3章　言语特殊困难儿童沟通能力评估与目标制订 ……………… 035

第1节　沟通能力评估 ……………………………………………… 035

一、什么是沟通能力评估 …………………………………………… 035

二、评估前的准备 …………………………………………………… 036

三、评估表 …………………………………………………………… 039

四、评估表样本 ……………………………………………………… 046

五、关于评估需要记住的重点 ……………………………………… 051

第2节　言语特殊困难儿童沟通能力评估 ………………………… 052

一、要在自然的环境下对言语困难儿童进行评估 ………………… 052

二、言语特殊困难儿童沟通能力评估表 …………………………… 054

三、言语特殊困难儿童沟通能力评估对照表 ……………………… 057

第3节　目标计划的制订 …………………………………………… 058

一、目标计划的基本概念 …………………………………………… 059

二、制订目标计划的指南 …………………………………………… 061

三、四种言语特殊困难儿童的目标计划 …………………………… 062

第 4 章　改善听力和言语能力的活动 ··· 065

第 1 节　沟通能力要素 ·· 065

一、沟通能力各要素 ··· 065

二、优先考虑的沟通能力 ·· 067

第 2 节　针对听力的活动方法 ·· 068

第 3 节　针对言语能力的活动方法 ··· 071

第 4 节　帮助训练口头语言的活动 ··· 074

第 5 节　活动方法使用指南 ··· 075

第 5 章　四种言语特殊困难及其对策 ·· 077

第 1 节　声音排序困难 ·· 078

一、声音排序困难的含义 ·· 078

二、声音排序困难儿童的康复目标及方法 ··································· 080

第 2 节　清晰度困难 ··· 085

一、清晰度困难的含义 ··· 085

二、为声音清晰度有困难的孩子制定目标 ··································· 088

第 3 节　口吃 ·· 091

一、口吃的含义 ··· 091

二、口吃患者的康复目标 ·· 093

第 4 节　发音困难 ·· 096

一、发音困难的含义 ·· 096

二、发音困难孩子的康复目标 ··· 097

第6章 日常生活中的沟通能力与语言能力的培养 ········· 099

第1节 日常生活中的沟通 ········· 099

一、什么是日常生活情景 ········· 100

二、孩子在日常生活情景中可以学习什么 ········· 100

三、为什么日常生活情景对教学很重要 ········· 102

四、在日常生活情景中学习沟通的重要原则 ········· 103

五、在日常生活情景中培养儿童沟通能力的关键点 ········· 105

六、小结 ········· 105

第2节 儿童语言能力的培养 ········· 106

一、单词学习基本知识 ········· 107

二、日常生活情景与单词学习 ········· 114

三、关于学习单词需要记住的重点 ········· 118

第7章 学校教育 ········· 121

一、言语特殊困难儿童上幼儿园 ········· 122

二、言语特殊困难儿童上小学 ········· 128

三、关于言语特殊困难儿童上学问题的小结 ········· 131

结语 ········· 133

编后记 ········· 134

附录：香港复康会简介 ········· 138

第1章 引 言

一、什么是"言语特殊困难"

在说到残疾儿童的时候，我们往往会提到智力障碍、脑瘫、听力损伤甚至多重残疾。但是，还有一些儿童，他们除了言语上有特殊的困难外，没有任何其他残疾。我们这里说的"言语特殊困难儿童"，就是指这样的儿童。

如果儿童除了"言语特殊困难"以外，还伴有其他的残疾，那么，请参看本套丛书的其他相应书籍，或找别的资料了解相关内容。

言语困难可能是由于喉、嘴唇的运动和舌头、硬腭和嘴的结构有问题而造成的。本书讨论四种言语困难。它们是：

（1）声音排序的困难。

（2）清晰度困难。

（3）口吃。

（4）发音困难。

从沟通能力的角度来看，这些孩子有言语困难，但是注意力、听力、模仿能力、轮流互动、游戏能力、理解能力和手势都没有较严重的困难。他们的"沟通房子"是牢固

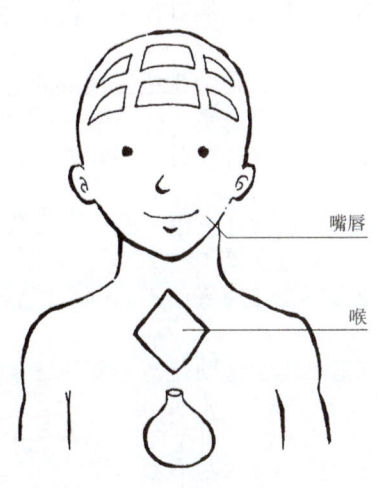

图1-1 发音器官

的，因此，对于这些孩子，我们需要直接训练语言能力。

我们的目标是：

（1）正确地鉴别言语有特殊困难的孩子。

（2）给予家长和老师关于如何帮助孩子的一般建议。

（3）在必要时，为孩子介绍其他能提供更多建议的专家。

二、本书的结构

本书要用到关于沟通/交际的一般理论来说明儿童沟通能力培养的问题。因此，第2章会介绍关于沟通的一般原理，其中就会介绍这里提到的"沟通能力"、"沟通房子"等概念。

第3章将会介绍如何对儿童的沟通能力做出评估。根据评估，我们才能准确了解儿童拥有什么样的沟通能力，还缺少什么能力。准确地评估儿童的沟通能力，是给儿童提供帮助的前提。

第4章将针对上述四种言语特殊困难分别提出帮助儿童改善沟通能力的方法。在这几章中，我们不仅分析导致这些不同的"言语特殊困难"的原因，而且还会针对每种不同的言语特殊困难为儿童提出康复训练的目标，并介绍一些具体的帮助儿童康复的方案。

第5章介绍在日常生活情景中帮助孩子提高语言能力的知识。因为本书只针对"言语特殊困难"，所以，我们将主要介绍一些帮助儿童学习语言的活动。

对于"言语特殊困难"的儿童来说，除了言语表达上的困难外，他们在注意力、听力、模仿能力、轮流互动、游戏能力、理解能力和手势等方面都完全是正常的，因此完全可以参加正常儿童的各种活动，如上幼儿园、上学甚至参加各种兴趣班。因此，除言语能力以外，对于儿童其他沟通能力的培养、发展，本书不再专门介绍。

第6章介绍在日常生活中培养言语特殊困难儿童语言能力的方法。日常生活情景是孩子成长的生活环境，也是孩子各种能力得以发展的场所，因此，充分利用好日常生活情景对发展儿童语言能力具有特殊的意义。

第7章讨论有言语特殊困难的儿童如何接受学校教育的问题。对残疾儿童而言，家庭、学校和社会各界的共同帮助是极其重要的。

第2章　沟通能力与言语特殊困难儿童的沟通问题

第1节　什么是沟通

一、沟通的基本概念

1. 沟通的概念

沟通是指人与人之间互相发送（表达）和接收（理解）信息。这个定义意味着：首先，沟通必须包括两个或更多的人，一个人无法沟通。其次，沟通活动需要用一定的媒介（主要的媒介是语言），传递（发送和接收）有意义的信息。

这些信息的表达方式（或者说媒介），主要有三大类：语言、副语言以及其他符号。

语言包括口语和书面语，也就是说、写和读出来的话。

副语言指与话语同时或单独使用的手势、身势、面部表情、对话时的位置和距离等，是我们通过声音的声调、面部表情和身体姿势等发送的信息，主要包括表情、动作、服饰。也叫肢体语言。

除语言和副语言，人们还使用其他符号表示意义，如红绿灯、图片等。

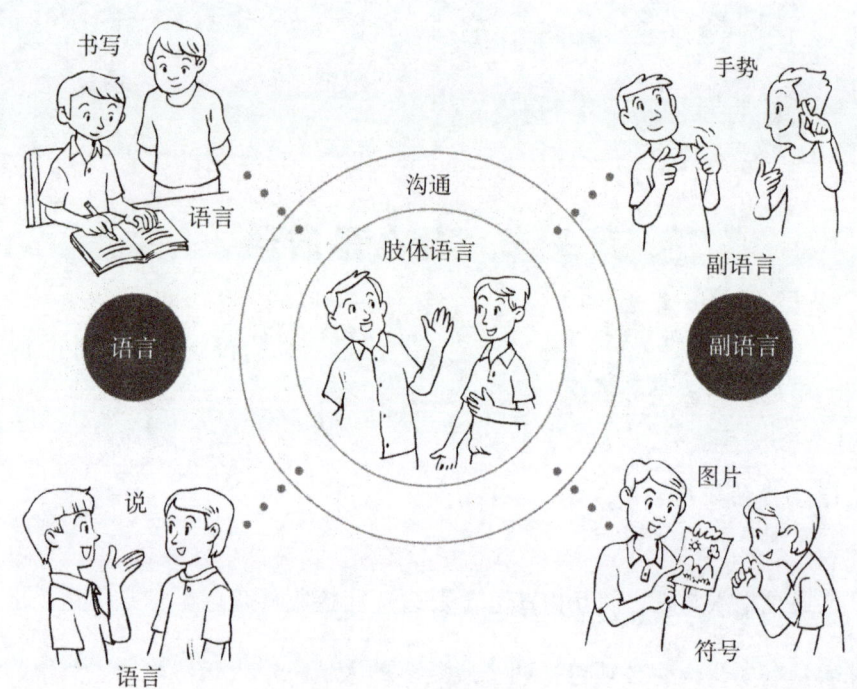

图 2-1 沟通与媒介

2. 我们为什么需要沟通

通过沟通我们可以表达自己的需要、感觉和想法。我们接收和发送信息，用这个方法来建立自己的特质和每个人的个性。

沟通能够使我们控制那些发生在我们身上的事情。

能够有效地沟通是建立人际关系及融入人群的重要步骤。

3. 沟通从何时开始

当孩子在出生后发出第一声哭泣、母亲做出反应时，沟通就开始了。所以，沟通在孩子说出第一个词之前的很长一段时间便早已开始了。

4. 沟通有哪些步骤

许多人认为沟通是一个简单的过程。我们很难对此多加考虑，因为对许多人来说，沟通很容易就发生了。

但是，如果我们真正地思考沟通到底包括了什么，就会惊讶地发现原来沟通的过程是很复杂的。沟通包含了如下步骤：

（1）听到或看到的信息；

（2）记录听到或看到的信息；

（3）认识看到或听到的信息；

（4）理解信息的意思；

（5）决定做出反应；

（6）决定做出什么反应；

（7）选择信息的媒介——语言、副语言、符号；

（8）确定符号的顺序；

（9）发送信息，检验并纠正信息。

以上步骤可以简化为：感知信息—理解信息—做出反馈—反馈信息检验。

二、沟通循环

从接受信息到给予答复所涉及的各个步骤重复进行，就构成了沟通循环。

沟通循环的过程可以图解如下：

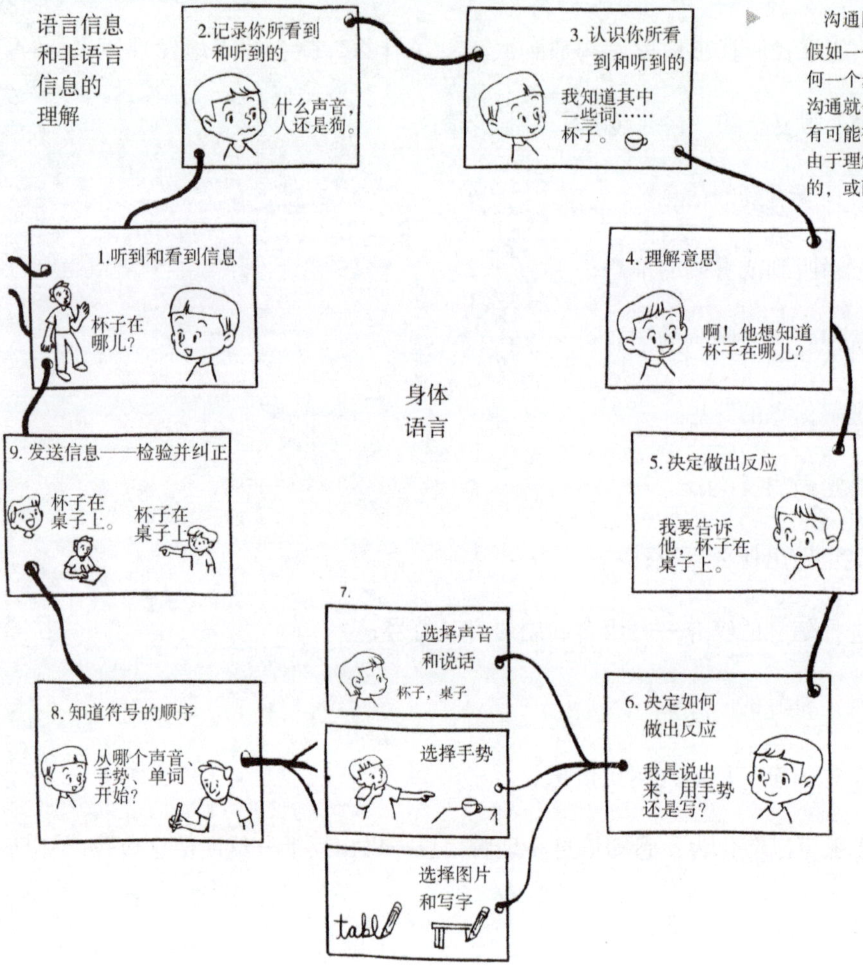

语言信息和非语言信息的理解

2. 记录你所看到和听到的
什么声音，人还是狗。

3. 认识你所看到和听到的
我知道其中一些词……杯子。

沟通困难
假如一个人在沟通循环中的任何一个步骤出现困难，他学习沟通就会比较慢，沟通循环也有可能被完全打断。这可能是由于理解困难或表达困难造成的，或两者都有。

1. 听到和看到信息
杯子在哪儿？

4. 理解意思
啊！他想知道杯子在哪儿？

身体语言

9. 发送信息——检验并纠正
杯子在桌子上。
杯子在桌子上。

5. 决定做出反应
我要告诉他，杯子在桌子上。

8. 知道符号的顺序
从哪个声音、手势、单词开始？

7. 选择声音和说话
杯子，桌子

选择手势

6. 决定如何做出反应
我是说出来，用手势还是写？

选择图片和写字
table

图2-2 沟通循环

如果上面沟通循环中的任何一个环节出现困难,孩子在学习沟通方面就会比较慢,沟通循环就可能被完全打断,这就构成了沟通困难。

沟通困难可能是因为理解困难或表达困难造成的,也可能是因为同时具有理解困难和表达困难。

三、信息媒介

沟通循环需要信息媒介,这些媒介可以把一些符号放在一起来组成其他人能够理解的、有意义的信息。而如前所说,信息媒介包括语言(单词——写的或说的)、副语言(手势、身体姿势)和其他符号(比如图片)三种。

信息媒介需要理解(沟通循环的第1—4步)和表达(第5—9步)。在沟通时,我们通过信息媒介把头脑里的信息向其他人表达出来。

图2-3 信息媒介

1. 使用信息媒介表达

我们在沟通时会联合使用所有的信息媒介，但是我们通常采用一种媒介方式。语言沟通是其中最常被采用的一种，因为使用语言的效率比较高。其他的媒介类型起补充的作用。

然而，不是所有人都能学会使用语言的，所以，我们必须记住，所有类型的媒介都可以用来进行有效地沟通。

2. 不同信息媒介所需要的工具

要使用各种不同的信息媒介，我们需要某些"工具"。

口语沟通需要使用嘴唇、舌头、硬腭、喉和肺。

书面语沟通（写/读）需要使用视觉和手控能力。

手势/身势语除了使用整个身体外，还需要有胳膊和手的控制能力。

用图片沟通，需要使用视觉和手控能力。

但是，记住——单有这些工具对信息沟通来说是不够的——我们需要的最重要的工具是理解能力和学习能力。

3. 言语

我总是认为言语和语言是同一回事，但是我后来发现它们其实是不同的。想知道为什么，请继续看……

图2-4 言语

第 2 章 沟通能力与言语特殊困难儿童的沟通问题

言语是声音的产物，把这些声音按顺序放在一起就成了一个词。

沟通循环的第 9 步提到了言语。

口头语言是把一些词按一定的顺序放在一起而组成一个有意思的句子。

言语是口头语言所借助的工具。

口头语言在沟通循环的第 9 步提到了。

图 2-5　口头语言

假如你还不清楚言语和口头语言之间的区别，试试这个活动：

（1）让一个与你说不同语言的朋友告诉你一个单词。

（2）在你的朋友说出后，你多次重复它。

（3）注意，你能说出这个单词，但是由于你不能理解它的含义，它对你来说就是没用的。这是一种沟通吗？

图 2-6　单词

（4）现在让你的朋友告诉你这个单词的含义。

图 2-7 单词的含义

（5）你看，在理解了这个词的含义后你就可以用它来沟通了。

这是语言，是沟通的基本部分。

所以你看——

教一个人在不理解单词意思的情况下重复说这个词，这不是语言，对沟通也没用。一个人必须能够把他所听到的词与相关的思想或物品联系起来，才算是有意义的语言。

4. 副语言之肢体语言

我们已经提到过肢体语言。肢体语言包括声音的音调、姿势、面部表情及穿着风格。换句话说，就是我们在沟通时所传递的非口语信息。

无论我们是否使用口语和非口语沟通，我们每个人都使用肢体语言。

你知道吗？沟通中的主要信息是通过肢体语言发出来的。

不知道——你的意思是什么？可以解释吗？

好，来试试这个活动。

图2-8 肢体语言

你的朋友会相信你的脸,还是你的话?

"所以你看,当我们说话时,人们趋向于相信我们通过肢体语言所传递的信息多于说出的信息。这恰恰说明了肢体语言在沟通和信息传递中的重要性。"

肢体语言是沟通循环中必不可少的部分。假如参与发送和接收信息的两个人,任何一方没有良好的肢体语言技能,沟通循环就有被打断的危险。

拥有好的肢体语言技能,意思是指:

(1) 善于倾听并感兴趣。

(2) 有视线接触。

(3) 能够轮流发送和接受信息。

(4) 善于使用面部表情和声音音调。

(5) 做出合适的姿势。

(6) 不要说得太多或太少。

5. 肢体语言的运用

现在请试试以下的这个活动,它说明了每一项肢体语言技能对成功地沟通有多么重要。

选择一个朋友和你谈话，并尝试使用以下每个活动：

在你的朋友对你说话时，假装不听她在说什么，并表现出没有兴趣。

在朋友对你说话时，靠近她并盯着她的眼睛，凝视着她———一直盯着她看。

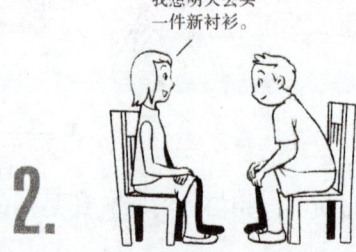

在和你的朋友谈话时，你很少说话。即使轮到你说时，你还是闭着嘴。

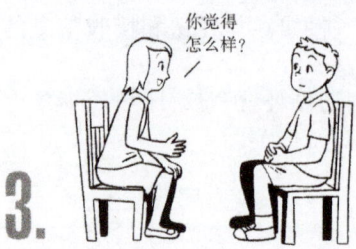

用非常大的音量，单调的声音对他说

让你的朋友坐在椅子上。站在靠她非常近的地方，向下看着你的朋友，并对她说话。

在和你的朋友谈话时，大部分的时间都是你在抢着说，不给她说话的机会。

图 2-9　肢体语言的运用

在尝试了以上每个活动之后考虑：

在不同的情景中，你的感受如何？

在不同的情景中，你朋友的感受如何？

通过这些活动，你会发现使用劣质的肢体语言能很快破坏沟通循环。所以，尽可能有效地使用肢体语言，对于我们在沟通循环中发挥自身的作用是很重要的。

6. 有效运用肢体语言的技巧

请记住：

其他人对你说话的时候，仔细倾听并表现出你感兴趣。

在别人对你说话时要看着他，但不要凝视。

在对话中要轮流互动——不要说得太多，也不要说得太少。

在谈话时，使用适当的面部表情和音调。

使用合适的姿势，使别人感到舒适。

在谈话中，信息发送者和接收者之间保持平衡——不要由一个人控制谈话。

四、沟通需要记住的重点

沟通在出生时就开始了。

沟通是人们之间双向交流的一个过程——它必须包括两个或更多人。

沟通包括发送一个有意义的信息和理解所接收到的信息。

我们使用语言来沟通。

语言可以是口语或非口语的。

肢体语言是沟通必不可少的部分。

说一些不能理解的单词，对于沟通是没有帮助的。

成功的沟通必须包括许多不同的步骤。如果参与的任何一方在任何一个步骤出现困难时，沟通就会被打断。

沟通的前提是要有沟通的人和需要沟通的内容。

第2节 沟通能力的正常发展

为什么了解孩子正常的沟通发育是重要的？

嗯……只有知道什么是正常的，才能知道什么是不正常的。我们只有了解了孩子所要经历的正常发育阶段，才能弄清楚他是否有问题。

很好，但是我认为每个孩子的发育速度是不同的，对吗？

对，每个孩子是不同的，孩子在不同的年龄做不同的事——例如，有的孩子在一岁时就开始说话，有的可能在一岁半时才开始说话。但是，我们却可以预计一个孩子在某个平均年龄能够开始做哪些事情。例如，我们认为一个孩子应该在两岁前能说话，如果他不会说，我们就会开始好奇为什么他还不会说话。所以，了解一个正常孩子能够获得某种能力的平均年龄对我们很重要。这样，当孩子发育迟缓，或他可能需要帮助时我们才能注意到。

一、"健康之路"表

"健康之路"表显示了孩子正常的发育速度，也包括了一些发育历程的信息。它包括发育的各个方面，而不仅仅是沟通，因为没有哪一个方面是

第 2 章　沟通能力与言语特殊困难儿童的沟通问题

独立发育的,各方面都是互相影响的。我们需要更详细地了解有关正常发育的知识。

表 2-1　"健康之路"表

年龄	沟通	粗大运动	视觉/精细动作	日常生活活动
出生	在出生时哭。	肢体的随意运动。	可以很好地吸吮。脸颊活跃,嘴唇裹住奶头。	吸奶。
3个月	朝声音的方向看。对他说话时发出咕咕和咯咯声。有视线接触。	俯卧时可抬头。坐位时头稳定。躺卧时身体能对称。	180度的追视运动的东西。可把手放在中线。	把所有物品放进嘴里。
6个月	立即转向声音,喜欢咿呀学语,听声音。	可自己支撑着坐。	能看,伸手抓取握住玩具。	把所有物品放进嘴里。
9个月	仔细听声音。能理解"不"和"再见"。发出各种声音。	尝试爬行。坐位时可以转身。尝试拉物站起。	寻找掉落的物品。抬起小物品。能把玩具从一只手放到另一只手上。	咀嚼固体食物。开始自己吃饭。

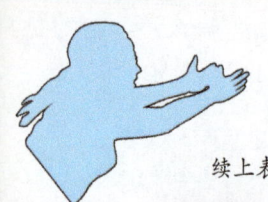

续上表

年龄	沟通	粗大运动	视觉/精细动作	日常生活活动
12个月	理解单词和简单指令。咿呀学语听起来像真正的语言"妈妈"。"爸爸"。	能站。可能尝试走。	能用手指远方的东西。用两个手指抓住物品。	尝试用杯子喝水。
18个月	理解简单指令。伴随手势，可以说出一些较易理解的词。能挥手"再见"。	走得好。能蹲着玩。	喜欢图片。可以把一个物品放在另一个物品上。	可以脱简单的衣服。
3岁	能听故事。在简单的对话和游戏中能轮流参与。能说简单的句子。	能够跳。可以单腿站几秒。	能把大珠子串在一起。可以握笔模仿画圆圈和十字。	学习自己如厕。
5岁	可以很好地说出所有单词。能像成人那样说话和理解。	能单腿跳和跳跃。喜欢球类游戏。	模仿写字母。可以抓住小球。	自己洗澡和脱穿衣服。帮助简单的工作。

二、"健康之路"表中涉及的正常沟通能力

为了能够沟通，孩子需要是有许多不同的能力。

从孩子出生并发出第一声啼哭时，这些能力就开始发展了。

我们可以把这些沟通能力看作是建造房子所用的砖块。就像把砖块拼放在一起造成房子一样，各项沟通能力一同发展能使孩子使用口语来沟通。

沟通所需的能力有：注意力、听力、模仿能力、轮流互动、游戏能力、理解能力、肢体语言、言语。

三、"沟通房子"

上述沟通所需的能力构成的"沟通房子"，如下图所示。

图 2-10 "沟通房子"

四、沟通能力的发展

沟通能力不是独立发展的,而是彼此相辅相成的。

每个技能都是按照自己的发育阶段来发展的。

在孩子第一次看到妈妈的脸时,注意力就开始发展了,并发展成能够长时间集中注意一个活动的能力。

当孩子对所有声音变得有意识,并开始做出反应时,听力就开始发展了,并开始发展成有选择性的听力能力。

当母亲模仿婴儿的动作和声音,婴儿也相应地模仿母亲的动作和声音时,轮流互动和模仿能力就开始发展了,并发展成能够在会话中轮流互动的能力。

当孩子喜欢自己发出声音并听声音,以及观看并触摸脸时,游戏能力就开始发展了,并发展成能参与复杂的,有规则的游戏的能力。

当孩子开始明白他所看到和听到的事时,理解能力就开始发展了,并发展成理解成人语言和复杂情境的能力。

孩子哭并扭动他的身体,而妈妈也对此做出反应,这时肢体语言就开始发展了,并发展成能够使用更复杂的肢体语言的能力。

当孩子发出咕咕声和儿语时,言语就开始发展了,并发展成能够说出单词和句子的能力。

五、孩子如何学习沟通所需要的能力

你知道吗?孩子在出生的时候就具备了学习任何语言的潜能,比如西班牙语、恩德贝勒语、修纳语、英语、汉语。但是他首先学会的语言是他听到的周围人说得最多的语言。如果一个孩子是在说两种语言的家庭里长大,那么,他将学会这两种语言。

图 2-11 沟通能力

六、关于沟通正常发展需要记住的重点

孩子一出生就开始学习沟通——远在他说出第一句话之前。

沟通的正常发展需要许多能力。

孩子通过每天和他周围的人相互交流来发展沟通能力。

孩子先理解情景和单词，然后才能够表达。

运动能力上的发展缺陷容易察觉，而早期沟通能力的发展缺陷则不那么明显。因此，我们需要对孩子的沟通能力加以注意。

孩子各方面的发展都是有关联的，如果孩子在某个方面有困难，这也会影响到其他方面。

一个孩子可能仅在沟通方面有困难。有时候，孩子的发育会全面滞后，其中某些方面的发育比其他方面更加迟缓。

孩子每方面的发育都是同样重要的。如果孩子发育的多方面都出现困难，我们就应该对每方面都做出帮助而不能有所遗漏。

一个孩子需要5年或更长的时间，才能充分地发展他的各项沟通能力。

第3节 对沟通困难的早期识别

就像对待所有的残疾孩子一样，尽早识别有沟通困难的孩子并给予帮助是极其重要的，特别是在孩子5岁之前。

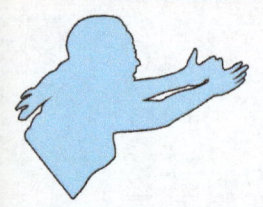

一、为什么早期识别孩子的沟通困难很重要

因为：

（1）孩子生命中的头5年对于发展沟通能力是至关重要的。错过了那段时间，要改善孩子的沟通能力就会非常困难，并且他可能永远都追不上其他的孩子。

（2）如果没有在早期帮助孩子改善沟通能力，父母和孩子双方都有可能放弃尝试，沟通循环就可能被打断。而我们的目的就是要避免沟通的停止。

（3）语言和沟通能力是将来所有学习的基础，如上学、读书写字、交朋友、成为社会的一分子。如果没有在早期帮助孩子，以后这些能力就不能得到发展，将会给孩子带来长期的不利影响。

二、我们应该注意什么

要想尽早识别一个孩子是否存在沟通的问题，我们应该注意以下几点：

所有的孩子都有发生耳聋的可能性。

妈妈/照顾者是否怀疑或担忧孩子不能像其他孩子那样地听或沟通。

我们应该注意孩子是否有以下问题：

6～8周时，对说话声音或日常的声音还没有反应。

3～4个月时，还不会对人或东西表现出感兴趣。

10个月时还没有牙牙学语的迹象。

2岁时还不能说出一个单词。

3岁时还不会使用简单的句子。

4岁时还不会使用别人能理解的语言。

5岁时还不会使用较长的、像成人所说的句子。

6岁时还不能参与成人的谈话。

三、孩子沟通困难的原因

1. 造成孩子沟通困难的5种原因

到此为止，我们了解了：

什么是沟通（第1节）；沟通的正常发展（第2节）；以及早期识别的重要性。

现在我们要看看造成孩子沟通困难的主要原因，这些原因包括：

（1）听力损伤。如果孩子有听力问题，他们学习"说话"将非常困难。这是因为我们通过去听周围人的谈话以及自己尝试说话来学习说话。

（2）智力障碍。有些孩子学习和理解周围环境比较缓慢。他们学习沟通所需的能力也会比较困难。

（3）脑瘫。如果孩子对自己身体的肌肉没有良好的控制和协调能力，他们做任何运动都会有困难，包括那些为了能发声和说话所需的运动。

（4）多重残疾。有些孩子有许多不同的残疾，严重影响到他们学习和理解周围环境的能力。通常，这些孩子在沟通方面只具有非常基本的能力。

（5）言语特殊困难。虽然有些孩子没有以上任何一种残疾，但他们仍然有言语困难。我们不得不承认，有时候我们不知道导致一些孩子沟通困难的原因是什么。

2. 孩子成功沟通需要的感觉器官和能力

为了能成功地沟通，孩子需要沟通的物件、沟通的事物以及某些感觉器官和能力。

为了能成功地沟通，孩子需要：

（1）沟通的物件。　　　　　　（2）沟通的事物。

图 2-12　沟通的物件

图 2-13　沟通的事物

（3）某些感觉器官和能力。下面的图解说明了沟通所需的感觉器官和能力：

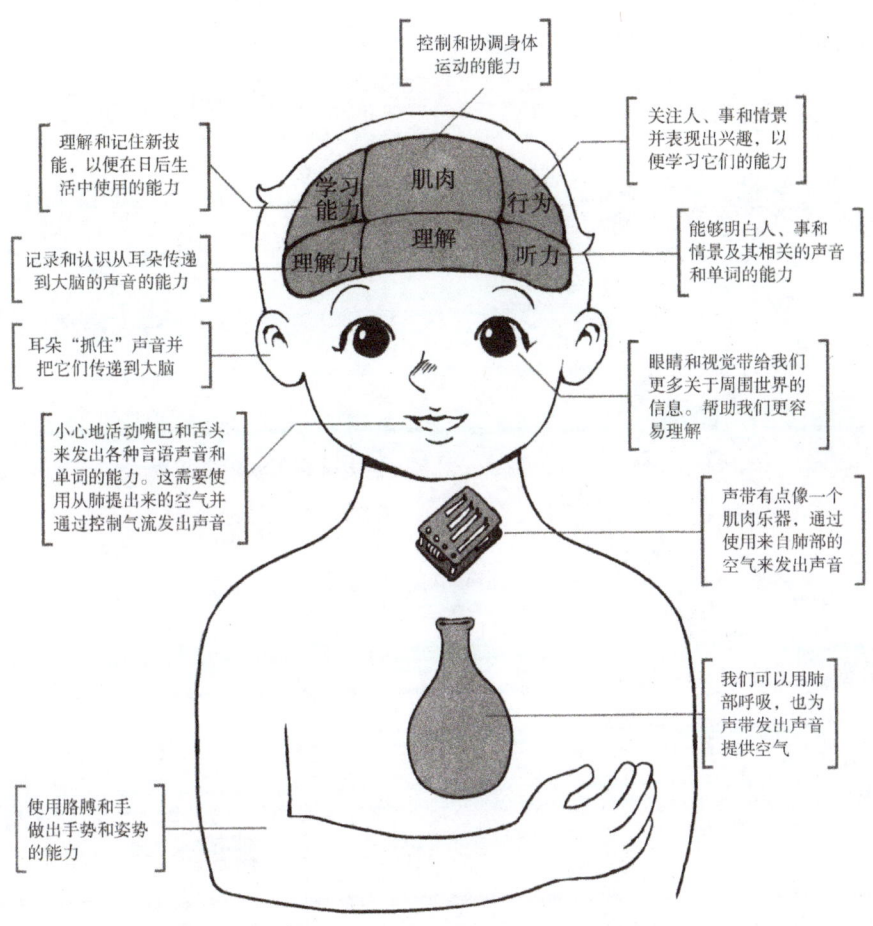

图2-14　感觉器官与能力

3. 感觉器官和能力的缺陷对沟通的影响

如果一个孩子在上述任何一个方面有问题，他就会有沟通困难。

现在让我们看看导致沟通困难的那些问题，是如何影响孩子的感官和能力的（如下图所示）。

听力损伤是由于以下部分受损：
大脑的听力中心
耳朵

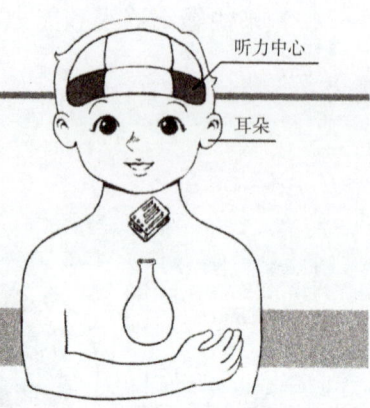

智力障碍影响的方面包括：
学习能力
理解能力
行为

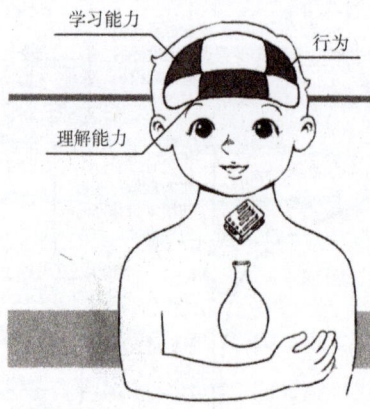

脑瘫的起因是由于以下部分受损：
大脑控制和协调所有肌肉运动的部分，包括：嘴唇、舌头、硬腭、声带和肺

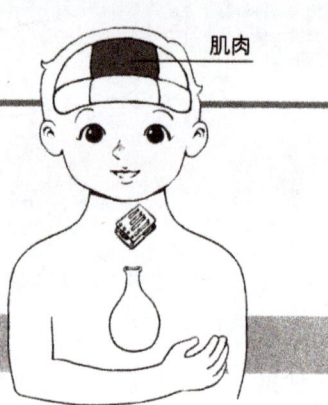

第 2 章　沟通能力与言语特殊困难儿童的沟通问题

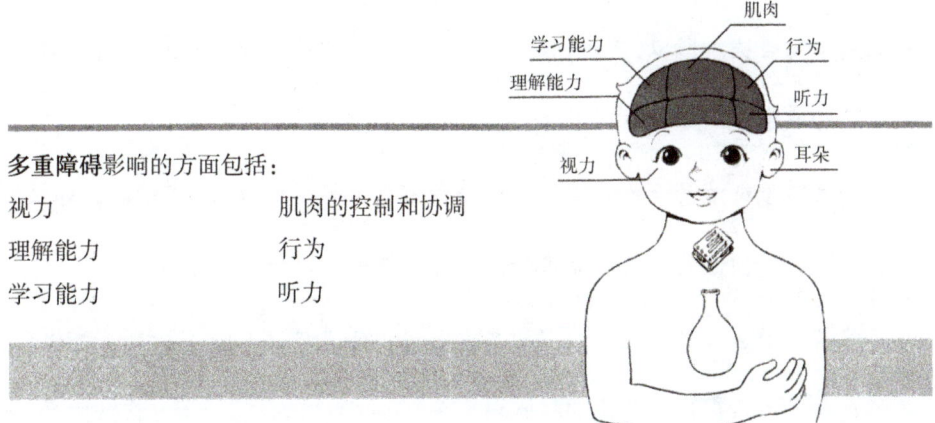

多重障碍影响的方面包括：
视力　　　　　　肌肉的控制和协调
理解能力　　　　行为
学习能力　　　　听力

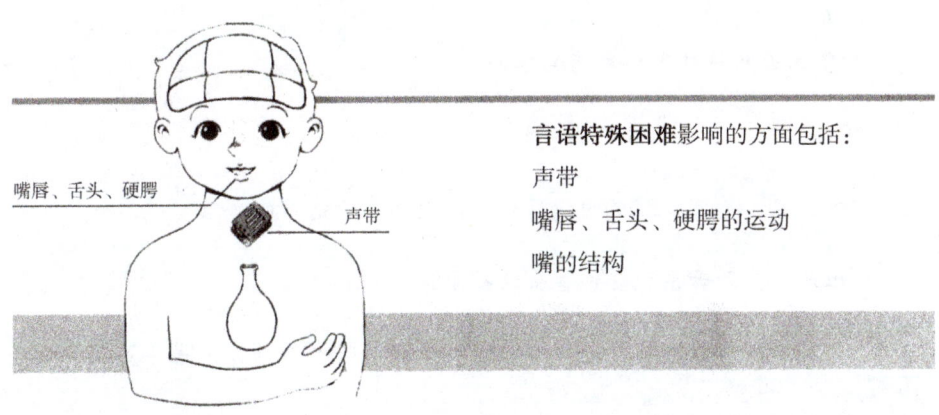

言语特殊困难影响的方面包括：
声带
嘴唇、舌头、硬腭的运动
嘴的结构

图 2-15　感觉器官和能力损伤导致的沟通障碍

[小提示]

你知道吗？

舌系带不是造成沟通困难的原因！

如果孩子不会说话，许多人认为只要剪开舌系带来放松舌系，孩子就会说话了。但事实不是这样的。

思考以下的事实：

舌头下面的皮肤（舌系带）本身不能活动舌头，而是舌头内部控制运动的肌肉活动舌头。所以，如果孩子的舌头不能很好地活动，那是肌肉的问题，而不是舌系带的问题。

如果孩子有活动舌头的问题（但是没有其他妨碍他说话的问题），那么他应该会说话，但他的言语不会很清楚。换句话说，他的语言还可以。

能够活动舌头只是说话所需的其中一个技能。记住，除了活动舌头以外，能够说话还关系到很多其他的技能。

为了更清楚这一点，试试这个活动……。

把你的舌头放在下排牙齿的后面。

现在，舌头不要动，对你的朋友说一些事。

"瞧，你还是可以说话的，只是说得没那么清楚而已。"

"但是，剪开舌系带会伤害我的孩子吗？"

"是的！剪开舌系带会给孩子带来疼痛和痛苦。另外，如果手术不那么卫生，还可能会引起感染。并且舌头可能无法很好地痊愈。实际上，所有这些问题都可能会使你孩子的问题变得更严重。"

所以，剪开舌系带对孩子的沟通困难没有帮助。它不是解决问题的方法。

四、关于导致孩子沟通困难的原因需要记住的重点

为了能够很好地沟通，孩子需要许多不同的能力。假如他在任何一方面

有问题,沟通困难就会出现。

孩子有困难的方面越多,他的沟通问题就越严重。

很多时候,孩子有沟通困难是由一些不可见的损伤导致的——大脑或耳朵的损伤。

有时,孩子嘴部结构有一些异常也可能是导致沟通困难的原因。舌系带不是导致沟通困难的原因。

某些其他因素,如缺乏刺激(干预)、情感的忽略、缺乏鼓励,都可能造成或促成孩子的沟通困难。

恶魔不会造成沟通困难。

有沟通困难的孩子的智力可能是正常的。

即使不知道造成孩子沟通困难的原因,我们还是可以帮助孩子的。

第 4 节　言语特殊困难儿童的沟通问题

上一节中我们谈到"言语特殊困难",而且说到了很多时候,我们并不清楚产生这样的沟通问题的原因。

对于有言语特殊困难的儿童,他们的沟通循环在哪里会被打断呢?我们可由下图得出答案。

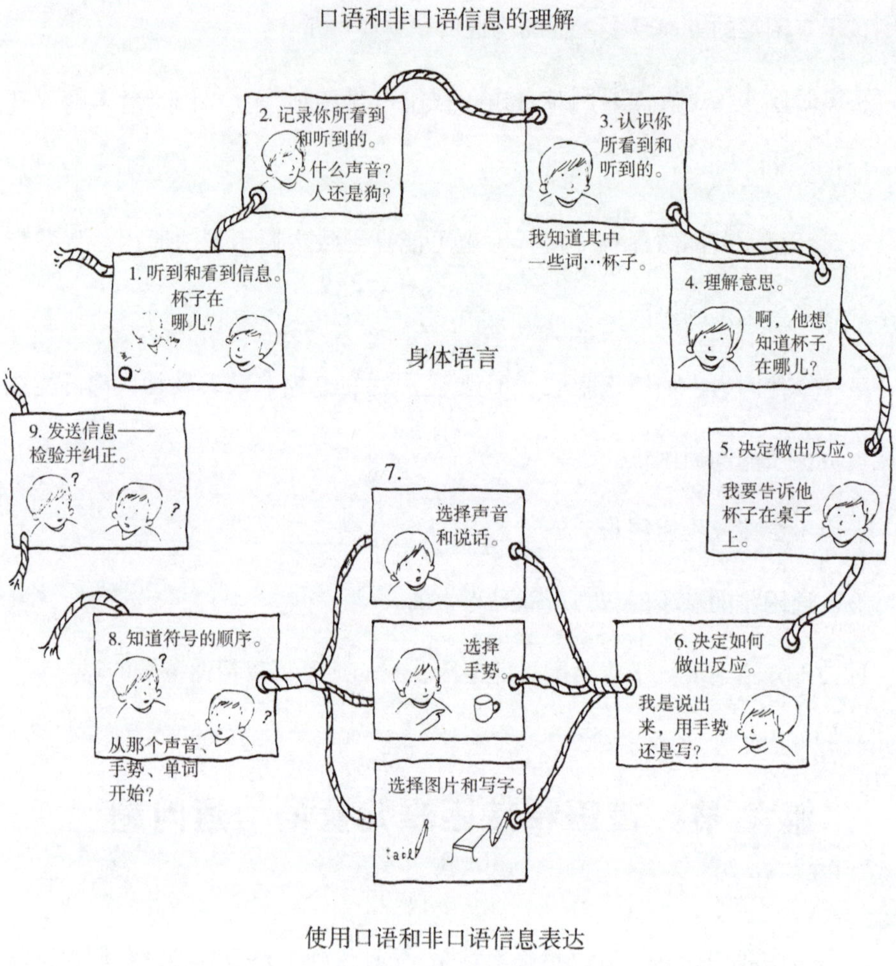

口语和非口语信息的理解

2. 记录你所看到和听到的。什么声音？人还是狗？

3. 认识你所看到和听到的。

1. 听到和看到信息。杯子在哪儿？

我知道其中一些词…杯子。

4. 理解意思。啊，他想知道杯子在哪儿？

身体语言

9. 发送信息——检验并纠正。

5. 决定做出反应。我要告诉他杯子在桌子上。

7. 选择声音和说话。

选择手势。

6. 决定如何做出反应。我是说出来，用手势还是写？

8. 知道符号的顺序。从那个声音、手势、单词开始。

选择图片和写字。

使用口语和非口语信息表达

图2-16 言语特殊困难儿童的沟通循环

从上图可以看出，对于有言语特殊困难的孩子，他们的沟通循环只有在第8和第9步才会被打断。

而且，从上图我们还知道，言语有特殊困难的孩子：

- 能够理解口头语言；
- 知道他想要说什么；

- 清晰地说出单词有困难。

因此,我们要能准确评估言语特殊困难儿童的沟通能力,以便为他们提供合适的帮助。

第 3 章　言语特殊困难儿童沟通能力评估与目标制订

第 1 节　沟通能力评估

现在我们从总体上来看看，对 6 岁以下沟通困难儿童进行评估的相关知识。然后，我们将介绍对言语特殊困难儿童沟通能力展开评估的具体办法。

一、什么是沟通能力评估

1. 沟通能力评估的含义

如果我们要想帮助有沟通困难的孩子，我们需要对他们的能力先有一个清楚的了解。

沟通能力评估，就是了解孩子具有怎样的沟通能力。

2. 为什么要评估孩子的沟通能力

对一个孩子沟通能力的评估有助于我们：

- 清楚了解孩子能做什么，并鉴别他们哪些方面存在困难；
- 草拟一个合适的能够满足孩子需要，并能帮助他获得进步的目标计划；
- 为孩子的进步做好记录。

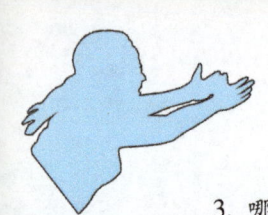

3. 哪些孩子适合做沟通能力评估

理论上,任何有沟通困难的孩子都适合做评估,但实际情况并没那么简单。虽然存在许多有沟通困难的孩子,但因为没有足够的工作人员,因而不是所有的孩子都能获得帮助。所以,我们必须先决定哪些孩子能从我们的服务中获得最大的帮助,之后再集中精力来帮助他们。

所有年龄低于6岁、有沟通困难的孩子都适合做评估。

如果你必须决定如何在孩子之间分配你的工作时间,那就把你的精力集中在那些年龄较小的孩子身上。因为他们能够真正从你的帮助中获得益处。

二、评估前的准备

1. 在什么环境中评估孩子的沟通能力

我们不需要一个特殊的环境来进行评估,但却需要制造一个融洽的气氛。

为沟通创造一个合适的环境,我们必须考虑以下几点:

- 孩子的父亲或母亲应该参与评估;

- 环境应该是轻松和随意的,那样才能让父母和孩子感到舒服,并且能和你自由地沟通;

- 确保你有足够的时间能完成整个评估而不会被打断(通常12个小时就足够了);

- 在评估时,设法确保孩子是精神/留心和愉快的(不要试图在孩子感

到疲惫、饥饿或生病时进行评估）；

- 仔细选择进行评估所需的玩具（只使用父母在家能够找到的玩具，不要使用太多的玩具，及那些对孩子来说太复杂或太简单的玩具）；
- 确保不会有太多会分散孩子注意力的东西。

除了以上几点外，我们必须把握住，我们自己先要沟通好——这对我们能否成功地进行评估至关重要。

记住，我们为评估所制造的气氛是最重要的！

我们应该：

- 处于与父母和孩子同一水平线的位置，并且和他们有一段感到舒适的距离；
- 工作时，对父母和孩子表现出热情、有兴趣及关心；
- 在评估期间，鼓励父母主动地和孩子一起参与你的活动；
- 通过与孩子的互动，设法与他建立关系；
- 总是跟随孩子的兴趣——不要强迫他玩他不感兴趣的东西。

2. 沟通能力评估需要什么设备

除了为评估制造一个合适的环境外，我们也需要确保有合适的设备。"合适的设备"并不是指高科技机器和昂贵的玩具。

我们需要以下物品来评估孩子的沟通能力：

- 一张评估表；
- 一支圆珠笔；

- 有纸夹的笔记板，或其他可以垫纸的东西；

- 玩具——炒锅、勺子、盘子、杯子、布娃娃；

- 木块或积木；

- 各种各样的容器；

- 瓶盖；

- 可以发声的自制"喇叭"；

- 汽车；

- 球；

- 日用品；

- 一件衣服；

- 简单物品的图片；

- 铅笔和纸。

看看这些玩具，请注意它们没有一样是昂贵的。几乎每家都可以找到或容易地制作这些东西，但它们往往却是最好的玩具。

3. 我们要从评估中获得什么信息

在评估时，我们需要尽可能详尽地收集有关孩子的资料。

（1）他的家庭背景和居家环境。

（2）他的发育史，包括任何疾病的情况。

（3）以前有无联系过康复服务。

（4）教育情况，是否在上幼儿园、特殊学校或普通学校。

第 3 章　言语特殊困难儿童沟通能力评估与目标制订

最后，我们还需要加上一些说明及对孩子沟通能力的具体描述。

评估时我们需要注意以下方面：

（1）言语——发出声音，并把它们放在一起形成单词以后再组成句子的能力。

（2）理解能力——可以理解人、情境和语言的能力。

（3）手势——使用身体运动、手势和面部表情来传递信息的能力。

（4）游戏能力——孩子可以通过游戏来发展他对周围世界的认识，并学习沟通的基本能力。

（5）注意力——可以对周围的人或事集中精力的能力。

（6）听力——能够仔细聆听声音和别人谈话声的能力。

（7）轮流互动和模仿能力——在游戏中互动，并能模仿他人的动作、声音或说话的能力。

（8）日常生活活动能力——可以独立吃饭、穿衣、洗澡和如厕的能力。

（9）粗大运动能力——能控制身体大动作的能力。

三、评估表

1. 评估表包含的内容

我们需要使用一份评估表来集中记录孩子的所有相关信息。

在后面我们将看到一份详尽的评估表。这份表包含了 4 页：

第 1 页　背景资料；

第 2 页　其他需要考虑的方面；

第3页　沟通技能核对表；

第4页　总结和目标计划。

2. 评估表填写指南

第1页，比较容易完成，只需填上要求填写的内容即可。

第2页，这部分也比较容易，同样只需填上要求填写的内容。

第3页，这部分则需要更多解释。以下的填写指南能帮助你明白该表。如下所示，根据你的观察，以及对家长的询问和与孩子的互动来填写核对表：

（1）在这页里面记录孩子的实际年龄。

（2）从第一行"言语"开始，从左到右进行，孩子可以做的就画上"√"，孩子做不到的就画上"×"。空白处记录下任何特别的附注。如果孩子很明显地不能做到这一行里的其余活动，就不用再继续了，转到下一行的"理解能力"。

（3）像以上所描述的那样继续填写，每一行从左到右地进行，直到完成这张表格。这样，你对被测试的孩子能做什么和不能做什么就有了一个基本的了解。

（4）在最接近孩子实际年龄处，画上了"√"号的部分就是孩子的能力。在这一页的底部对此做上记录。

（5）离孩子实际年龄最远处，画上了"√"号的部分是孩子的困难。在这一页的底部对此做上记录。

第4页，这一页是制订目标计划，是评估表必不可少的一个部分。第4章将详细探讨"目标计划"的内容。

3. 空白评估表第 1 页填写说明

为了使你更容易明白,现在让我们来实际填写一份评估表的第 1、2、3 页。

表 3-1 儿童沟通能力评估表(第 1 页)

省/区: (孩子长期居住的地方)	评估日期: (当天的日期)
姓名: (孩子的全名)	出生日期: 年 月 日
地址: (完整的邮政地址)	年龄: (孩子目前的年龄)
家族史:(父母在一起吗?他们都有工作吗?有几个兄弟/姐妹?孩子在家庭中的排行?)	
家族其他成员有无类似问题: (家庭中任何一方是否存在任何言语或/和听力问题的病史?如果有请详细说明)	
出生史:(在怀孕期间有问题吗?出生时足月了吗?是正常分娩吗?孩子在出生后有哭吗?吸吮得好吗?有什么并发症吗?如果有,请详细说明)	
儿童疾病史:(孩子患过任何重大疾病吗?如有,请详细说明。对于任何更多的情况,查看孩子的门诊病历卡片和发育图表)	
发育历程: (孩子从什么时候开始坐、爬、站、走、说; 孩子吸吮得好吗?他和其他同龄孩子一样能吃固体食物并咀嚼吗?)	
是否接受过任何语言治疗: (有关孩子的沟通困难,家长曾经接受过任何建议或对孩子的治疗吗?如果有,详细说明)	
何时: (什么时候给予的建议?)	

续上表

何地：	（孩子从哪里得到的建议？）
什么建议：	（接受或被建议做什么治疗？）

资料来源：本表格采自津巴布韦 Harare 中心医院儿童康复部所使用的"儿童沟通能力评估表"。

4. 空白评估表第 2 页填写说明

表 3-2　儿童沟通能力评估表

根据你的观察回答以下问题：
　　（观察孩子并考虑这些问题、如果你现在能确定问题的答案，就准确地圈出"是"或"否"。如果你暂时还不能确定答案，就继续进行评估。待填完了全部核对表之后再来回答这些问题。）

说话是孩子唯一的困难吗？	是/否

如果不是，请回答以下问题：

孩子有肢体障碍吗？	是/否	孩子有智力障碍吗？	是/否
孩子有视觉障碍吗？	是/否	孩子有行为问题吗？	是/否
孩子的发育迟缓吗？	是/否	孩子有其他困难吗？	是/否
例如，孩子是否有：			
● 痉挛			
● 任何已知的情况，如唐氏综合征			
● 进食困难或流涎			
● 不正常的头围			

续上表

孩子上托儿所/学校吗？　　　　是/否 （如果没有，请解释原因） （如果孩子到了入托/入学年龄，就问这个问题，如果孩子显然太小，就不用问这个问题）

听力

孩子听力好吗？父母认为他们的孩子有良好的听力吗？　　　是/否 描述：圈出答案并说明原因。 孩子的耳朵感染过吗？　　　是/否 描述：孩子的耳朵往外流过脓吗？他的耳朵疼过吗？圈出答案并说明。 孩子做过听力检查吗？圈出答案并详细说明。　　　是/否 如果做过　何时？　　　　　何地？　　　　　结果如何？

5. 空白评估表第3页填写说明

本页为"核对表"。

表3-3　儿童沟通能力评估表（第3页）

阶段	1	2	3	4	5
年龄	0～6个月	6～12个月	12～18个月	1.5～3岁	3～5岁
言语	孩子会哭或发出咿呀声吗？	孩子能重复声音并能和谐地发出咿呀声吗？	孩子能使用有意义的声音和别人能明白的单词吗？	孩子能使用一些单独的词，有时也能把两个词放在一起用吗？	孩子能把几个单词放在一起组成句子吗？陌生人能理解他说的话吗？如"不能"请说明。
			孩子可以做什么画（√），不可以做什么画（×）。		

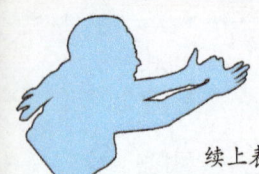

续上表

阶段	1	2	3	4	5
年龄	0～6个月	6～12个月	12～18个月	1.5～3岁	3～5岁
理解能力	孩子理解基本需要如何得到满足吗？比如在饿或尿湿的情况下哭。	在使用手势表达简单指令时，孩子能理解吗？	在没有使用手势时，孩子能服从指令吗？比如，出示身体的某些部分。	孩子像其他的同龄孩子一样能理解简单语言吗？	孩子能理解并参与会话吗？

每行都从左向右进行。

手势	孩子会微笑、皱眉、笑吗？孩子会向物品伸出手吗？	孩子会用手指出他感兴趣的物品或人吗？	孩子能使用与情景相联系的手势吗？如挥手"再见"、拍手"谢谢"。	孩子会使用手势让其他人为他做事吗？如在想喝水时指指茶杯。	孩子能使用手势来表达出他自己的资讯吗？
游戏能力	孩子对人或事感兴趣吗？他有视线接触吗？	孩子想要探究/玩耍物品吗？他会寻找被藏起来的物品吗？	孩子喜欢简单的假想性游戏吗？如把勺子放杯子里，假装自己吃饭。	孩子玩积木吗？孩子模仿一些简单的家庭活动吗？	孩子喜欢有规则的游戏吗？孩子和其他小朋友一起玩假想性游戏吗？
注意力	在妈妈/照顾者说话时孩子望向她吗？	孩子望向新的声音或事物吗？	孩子可以参加简单的任务并且不被新的声音或事物分散注意力吗？	孩子可以长时间参与一个更困难的任务吗？如搭积木和假想性游戏。	孩子在做一件事时，能听并对别人说话吗？

续上表

阶段	1	2	3	4	5
年龄	0～6个月	6～12个月	12～18个月	1.5～3岁	3～5岁
听力	孩子对声音有反应并看声音从哪里发出吗？	孩子能区分不同的声音及它们的意义吗？如狗叫或汽车行驶。	在妈妈/照顾者说话时孩子听吗？	孩子能更仔细地听说话吗？他尝试模仿单词吗？	在嘈杂的环境，孩子可以忽略其他噪音而听妈妈/照顾者说话吗？
轮流互动和模仿	孩子能和妈妈/照顾者轮流发出声音吗？也就是在妈妈重复了孩子的声音后，孩子能再重复吗？	孩子用有趣的方法重复自己的声音吗？	孩子模仿成人的动作或声音吗？孩子想要成人参与他的游戏吗？	孩子开始尝试重复他听到的单词吗？	孩子可以在会话中轮流互动吗？
日常生活活动	孩子可以抿住勺子吗？孩子可以把食物放进口中吗？	孩子可以咀嚼食物和用杯子喝水吗？孩子配合脱穿衣服吗？	孩子能自己吃饭吗？自己脱穿简单的衣服？开始如厕训练了吗？	孩子可以自己洗手、洗脸吗？孩子可以穿简单的衣服吗？孩子差不多能自己如厕吗？	可以自己洗并擦干吗？可以自己脱穿衣服吗？能自己如厕吗？
粗大运动	孩子双手能放在中线吗？孩子能支撑着坐吗？	孩子可以爬吗？能拉着他站起来吗？可以支撑着走吗？	孩子可以走吗？孩子跑时显得僵硬吗？	孩子可以随意地跑吗？孩子可以双腿跳吗？	孩子可以单脚跳吗？孩子可以跳跃吗？孩子可以蹦吗？

能力：记录孩子最好的方面（也就是最接近孩子年龄的）。
需要：记录孩子比较有困难的方面（也就是离他年龄最远的）。

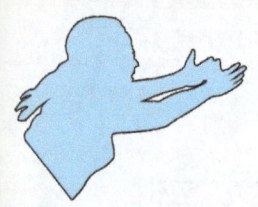

四、评估表样本

本节我们以一个名叫 John Muponda 的孩子为例,看看评估表该如何填写。

1. John Muponda 评估表第 1 页

表3-4　儿童沟通能力评估表(第1页)

省/区: RuanRwe,Manicaland	评估日期: 1991年9月24日
姓名: John Muponda	出生日期: 1989年2月12日
地址: Nvanga,985号信箱	年龄: 2岁半
家族史:父母住在一起。小规模的农场主。是8个孩子中最小的一个。	
家族其他成员有无类似问题: 没有。	
出生史:在怀孕期间没有问题。在孩子7个月时早产。孩子在出生后没有哭,也没有很好的吸吮。在出生之后住院3个月。	
儿童疾病史:没有。	
发育历程: ● 坐:12个月时 ● 爬:17个月时 ● 站:20个月时 ● 走:24个月时 ● 说:还不能说话 ● 不能咀嚼固体食物	
是否接受过任何语言治疗 是的	

第3章 言语特殊困难儿童沟通能力评估与目标制订

续上表

省/区： RuanRwe, Manicaland	评估日期： 1991年9月24日
何时：在17个月时。	
何地：在传统医生那里。	
什么建议：剪开舌系带。	

2. John Muponda 评估表第2页

表3-5　沟通能力评估表（第2页）

根据你的观察回答以下问题：

说话是孩子唯一的困难吗？　　　是/㊀

如果不是，请回答以下问题：

孩子有肢体障碍吗？　　是/㊀
孩子有智力障碍吗？　　㊎/否
孩子有视觉障碍吗？　　是/㊀
孩子有行为问题吗？　　㊎/否
孩子的发育迟缓吗？　　㊎/否
孩子有其他困难吗？　　㊎/否
● 有痉挛，在用药物控制。

续上表

孩子上托儿所/学校吗？　　　　是/否
如果没有，请解释原因
如果孩子到了入托/入学年龄，就问这个问题，如果孩子显然太小，就不用问这个问题。

听力

孩子听力好吗？　　　㊣/否
描述：头转向所有声音的方向，即使是微小的声音
孩子的耳朵感染过吗？　　是/㊣
描述：
孩子做过听力检查吗？　　是/㊣
如果做过　何时？
何地？
结果如何？

3. John Muponda 评估表第 3 页

表 3-6　儿童沟通能力评估表（John Muponda，2 岁半）

阶段	1	2	3	4	5
年龄	0～6个月	6～12个月	12～18个月	1.5～3岁	3～5岁
言语	孩子会哭或发出咿呀声吗？ 【√】	孩子能重复声音并能和谐地发出咿呀声吗？ 【√】	孩子能使用有意义的声音和别人能明白的单词吗？ 【×】	孩子能使用一些单独的词，有时也能把两个词放在一起用吗？	孩子能把几个单词放在一起组成句子吗？陌生人能理解他说的话吗？如"不能"请说明。

续上表

阶段	1	2	3	4	5
年龄	0～6个月	6～12个月	12～18个月	1.5～3岁	3～5岁
理解能力	孩子理解基本需要如何得到满足吗？比如在饿或尿湿的情况下哭。【√】	在使用手势表达简单指令时，孩子能理解吗？【不确定？】	在没有使用手势时，孩子能服从指令吗？比如出示身体的某些部分。	孩子像其他的同龄孩子一样能理解简单语言吗？	孩子能理解并参与会话吗？
手势	孩子会微笑、皱眉、笑吗？【√】孩子会向物品伸出手吗？【√】	孩子会用手指出他感兴趣的物品或人吗？【×】	孩子能使用与情景相联系的手势吗？如挥手"再见"，拍手"谢谢"。	孩子会使用手势让其他人为他做事吗？如在想喝水时指指茶杯。	孩子能使用手势来表达出他自己的资讯吗？
游戏能力	孩子对人或事感兴趣吗？【一点点】他有视线接触吗？【短暂的】	孩子想要探究/玩耍物品吗？【×】他会寻找被藏起来的物品吗？【×】	孩子喜欢简单的假想性游戏吗？如把勺子放杯子里，假装自己吃饭。	孩子玩积木吗？孩子模仿一些简单的家庭活动吗？	孩子喜欢有规则的游戏吗？孩子和其他小朋友一起玩假想性游戏吗？
注意力	在妈妈/照顾者说话时孩子望向她吗？【短暂的】	孩子望向新的声音或事物吗？【×】	孩子可以参加简单的任务并且不被新的声音或事物分散注意力吗？	孩子可以长时间参与一个更困难的任务吗？如搭积木和假想性游戏。	孩子在做一件事时，能听并对别人说话吗？

续上表

阶段	1	2	3	4	5
年龄	0～6个月	6～12个月	12～18个月	1.5～3岁	3～5岁
听力	孩子对声音有反应并看声音从哪里发出吗?【√】	孩子能区分不同的声音及它们的意义吗?如狗叫或汽车行驶。【×】	在妈妈/照顾者说话时孩子听吗?	孩子能更仔细地听说话吗?他尝试模仿单词吗?	在嘈杂的环境,孩子可以忽略其他噪音而听妈妈/照顾者说话吗?
轮流互动和模仿	孩子能和妈妈/照顾者轮流发出声音吗?也就是在妈妈重复了孩子的声音后,孩子能再重复吗?【√】	孩子用有趣的方法重复自己的声音吗?【√】	孩子模仿成人的动作或声音吗?【×】孩子想要成人参与他的游戏吗?【×】	孩子开始尝试重复他听到的单词吗?	孩子可以在会话中轮流互动吗?
日常生活活动	孩子可以抿住勺子吗?【√】孩子可以把食物放进口中吗?【√】	孩子可以咀嚼食物【×】和用杯子喝水【√】吗?孩子配合脱穿衣服吗?【×】	孩子能自己吃饭吗?【√】自己脱穿简单的衣服吗?【×】开始如厕训练了吗?【×】	孩子可以自己洗手、洗脸吗?孩子可以穿简单的衣服吗?孩子差不多能自己如厕吗?	可以自己洗并擦干吗?可以自己脱穿衣服吗?能自己如厕吗?
粗大运动	孩子双手能放在中线吗?【√】孩子能支撑着坐吗?【√】	孩子可以爬吗?【√】能拉着他站起来吗?【√】可以支撑着走吗?【√】	孩子可以走吗?【√】孩子跑时显得僵硬吗?【√】	孩子可以随意地跑吗?孩子可以双腿跳吗?	孩子可以单脚跳吗?孩子可以跳跃吗?孩子可以蹦吗?

能力:言语、轮流互动和模仿、粗大运动。
需要:注意力、听力、游戏能力、理解能力、手势、自理能力(日常生活活动)。

4. 评估表填写的其他注意事项

在你评估了一个孩子之后，请思考：

- 到目前为止，我得到了我所需要的全部信息吗？
- 我的大部分信息来自孩子的母亲，还是我自己对孩子的观察或与孩子互动的结果？
- 在我了解到孩子的真实情况后，他的母亲感到高兴吗？
- 我尽自己最大的努力与孩子互动了吗？
- 孩子配合我吗？
- 评估是否准确地描绘了孩子的能力和他们的需要？
- 我需要介绍孩子去看其他能帮助他的人吗？

五、关于评估需要记住的重点

评估主要从言语能力、理解能力、手势、游戏能力、注意力、听力、轮流互动和模仿能力、日常生活活动以及粗大运动等方面进行。不同的残疾对孩子的这些能力会有不同的影响。

在此需要记住的有关评估的要点是：

- 好的评估有助于更好地制订目标计划，也是孩子获得进步的关键；
- 评估和治疗是相互紧密联系的，都应该不断进行（在治疗取得进展时，我们必须重新评估孩子能做什么、不能做什么。也就是说，随着时间的推移，我们会不断地改变评估结果及目标计划）；

- 再次评估/测试孩子的程度，并与他最初的评估相比较，可以使家长和我们自己得到鼓励；

- 孩子的发育由很多方面组成，注意，我们不应该孤立地看待沟通，我们也要考虑到其他需要评估的方面，并在必要时介绍孩子去看其他能帮助他的人；

- 仅在沟通的领域里，我们就需要评估许多方面的能力——言语只是其中之一；

- 为保证结果的准确性，在评估时多花些时间是值得的；

- 通过互动来与孩子及家长建立关系，可以为好的评估打下基础；

- 让家长参与评估是极其重要的；

- 我们自己的沟通能力和孩子的一样重要；

- 评估不是总能顺利进行的，我们必须做好灵活应对的准备，并适应任何我们可能会遇到的情况。

第 2 节　言语特殊困难儿童沟通能力评估

一、要在自然的环境下对言语困难儿童进行评估

如前面一节所说的，评估儿童沟通能力，应该在自然的、愉悦的环境下

进行。如果我们认为孩子的言语有特殊困难,我们就需要听他在自然的情景中说话,这很重要。

"那很容易——我们可以强迫他说话,对吗?"

事实上,这并不容易——强迫孩子说话通常只会起到相反的作用,会阻止他们交谈。所以,我们需要做的是找到能温柔地鼓励孩子交谈的方法。

1. 鼓励孩子交谈的方法

以下是一些鼓励孩子交谈的方法:

表3-7 鼓励孩子交谈的方法

正确的方法	错误的方法
创造自然的情景。 给孩子时间。 在孩子尝试时,表扬他。 有耐心。 让其他孩子和家长参与。 问开放性的问题。	强迫孩子重复单词。 催促孩子。 责骂或嘲笑他。 没有耐心。 把所有焦点放在孩子身上。 问封闭性的问题。

2. 开放性问题和封闭性问题

什么是开放性的问题?开放性的问题需要一个人使用完整的句子来回答。开放性问题多是"特殊疑问句"。

什么是封闭性的问题?封闭性的问题需要一个人使用像"是"或"不是"这样的一个词来回答的问题。封闭性问题多是"简单疑问句"。

这里有一些例子:

(1) a. 你可以告诉我关于你哥哥和姐姐的事情吗?(开放)

　　b. 你有哥哥和姐姐吗?(封闭)

(2) a. 你在家喜欢做什么?(开放)

　　b. 你喜欢踢足球吗?(封闭)

(3) a. 你在学校最喜欢哪门功课?(开放)

　　b. 你们在学校有阅读课吗?(封闭)

因此,记住使用开放性问题来鼓励孩子交谈!

二、言语特殊困难儿童沟通能力评估表

对于言语有特殊困难的孩子,他们的评估核对表是什么样子的?

我们看看下面小芬的评估核对表吧。除了言语和听力之外,小芬其他方面的能力都符合其年龄水平,她的言语有特殊困难。

注意,有时言语有问题的孩子也会伴随着一些听力问题。对于这些孩子,我们必须也要设法发展他们的听力。

表3-8 言语特殊困难儿童沟通能力评估表（小芬，6岁）

阶段	1	2	3	4	5
年龄	0～6个月	6～12个月	12～18个月	1.5～3岁	3～5岁
言语	孩子会哭或发出咿呀声吗？【√】	孩子能重复声音并能和谐地发出咿呀声吗？【√】	孩子能使用有意义的声音和别人能明白的单词吗？【√】	孩子能使用一些单独的词，有时也能把两个词放在一起用吗？【是，但不清晰】【√】	孩子能把几个单词放在一起组成句子吗？【√】陌生人能理解他说的话吗？如"不能"请说明。【×】
理解能力	孩子理解基本需要如何得到满足吗？比如在饿或尿湿的情况下哭。【√】	在使用手势表达简单指令时，孩子能理解吗？【√】	在没有使用手势时，孩子能服从指令吗？比如，出示身体的某些部分。【√】	孩子像其他的同龄孩子一样能理解简单语言吗？【√】	孩子能理解并参与会话吗？【尝试，但经常不能被理解】
手势	孩子会微笑、皱眉、笑吗？【√】孩子会向物品伸出手吗？【√】	孩子会用手指出他感兴趣的物品或人吗？【√】	孩子能使用与情景相联系的手势吗？如挥手"再见"、拍手"谢谢"。【√】	孩子会使用手势让其他人为他做事吗？如在想喝水时指指茶杯。【√】	孩子能使用手势来表达出他自己的资讯吗？【使用手势使他的言语更清楚】

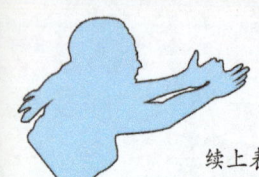

续上表

阶段	1	2	3	4	5
年龄	0~6个月	6~12个月	12~18个月	1.5~3岁	3~5岁
游戏能力	孩子对人或事感兴趣吗？他有视线接触吗？【√】	孩子想要探究/玩耍物品吗？【√】他会寻找被藏起来的物品吗？【√】	孩子喜欢简单的假想性游戏吗？如把勺子放杯子里，假装自己吃饭。【√】	孩子玩积木吗？【√】孩子模仿一些简单的家庭活动吗？【√】	孩子喜欢有规则的游戏吗？【√】孩子和其他小朋友一起玩假想性游戏吗？【√】
注意力	在妈妈/照顾者说话时孩子望向她吗？【√】	孩子望向新的声音或事物吗？【√】	孩子可以参加简单的任务并且不被新的声音或事物分散注意力吗？【√】	孩子可以长时间参与一个更困难的任务吗？如搭积木和假想性游戏。【√】	孩子在做一件事时，能听并对别人说话吗？【不总是能仔细地听】
听力	孩子对声音有反应并看声音从哪里发出吗？【√】	孩子能区分不同的声音及他们的意义吗？如狗叫和汽车行驶。【√】	在妈妈/照顾者说话时孩子听吗？【√】	孩子能更仔细的听说话吗？【有困难】他尝试模仿单词吗？	在嘈杂的环境，孩子可以忽略其他噪音而听妈妈/照顾者说话吗？【有困难】
轮流互动和模仿	孩子能和妈妈/照顾者轮流发出声音吗？也就是在妈妈重复了孩子的声音后，孩子能再重复吗？【√】	孩子用有趣的方法重复自己的声音吗？【√】	孩子模仿成人的动作或声音吗？【√】孩子想要成人参与他的游戏吗？【√】	孩子开始尝试重复他听到的单词吗？【√】	孩子可以在会话中轮流互动吗？【是，但人们不能理解他】

续上表

阶段	1	2	3	4	5
年龄	0～6个月	6～12个月	12～18个月	1.5～3岁	3～5岁
日常生活活动	孩子可以抿住勺子吗?【√】孩子可以把食物放进口中吗?【√】	孩子可以咀嚼食物和用杯子喝水吗?【√】孩子配合脱穿衣服吗?【√】	孩子能自己吃饭吗?【√】自己脱穿简单的衣服吗?【√】开始如厕训练了吗?【√】	孩子可以自己洗手、洗脸吗?【√】孩子可以穿简单的衣服吗?【√】孩子差不多能自己如厕吗?【√】	可以自己洗并擦干吗?【√】可以自己脱穿衣服吗?【√】能自己如厕吗?【√】
粗大运动	孩子双手能放在中线吗?【√】孩子能支撑着坐吗?【√】	孩子可以爬吗?【√】能拉着他站起来吗?【√】可以支撑着走吗?【√】	孩子可以走吗?【√】孩子跑时显得僵硬吗?【√】	孩子可以随意地跑吗?【√】孩子可以双腿跳吗?【√】	孩子可以单脚跳吗?【√】孩子可以跳跃吗?【√】孩子可以蹦吗?【√】

评估结果

能力：其他所有方面。

需要：言语和听力。

三、言语特殊困难儿童沟通能力评估

现在，让我们对言语有特殊困难的孩子和那些有其他残疾的孩子的能力做一个对比。把你的评估结果与以下表格进行对照，这能帮助你确定被评估孩子是否真正有言语的特殊困难,如果评估情况与下面任何一栏都明显不符,你就需要重新考虑了!

表3-9 言语特殊困难儿童沟通能力评估表

言语	影响程度
理解能力	像其他同龄孩子
手势	像其他同龄孩子
游戏能力	像其他同龄孩子
注意力	像其他同龄孩子
轮流互动和模仿	像其他同龄孩子
日常生活活动	像其他同龄孩子
粗大运动	像其他同龄孩子

所以你看,言语有特殊困难的孩子与其他类型的残疾孩子是不同的。他们的能力是理解能力、手势、游戏能力、注意力、轮流互动和模仿能力,以及日常生活活动和粗大运动技能。他们只是有言语和听力方面的困难。

第3节 目标计划的制订

在上一节里,我们看了如何为有言语特殊困难的孩子进行评估。现在,我们要看如何为他们制订目标计划。

一、目标计划的基本概念

1. 目标计划是什么意思

评估过后,我们应该考虑孩子需要发展什么新的能力,这就是对孩子的目标。然后我们需要考虑哪些活动可以帮助孩子学习这些新能力,谁可以帮助他完成这些活动,这就是目标计划。

2. 我们为什么需要做目标计划

制订目标计划能促使我们更精确地考虑孩子需要什么及如何具体地满足这些需要。所以,一份目标计划能为我们提供工作的重点和方向。没有目标计划,我们对孩子所获得的成绩或对我们所定下的目标就没有一个衡量标准。一份好的目标计划确保了孩子能够获得进步——这能鼓励到每个人。

3. 什么时候做目标计划

每次评估了孩子的沟通能力之后,我们都应该制订目标计划。正如随着时间的推移我们需要更新对孩子的评估一样,我们也需要更新目标计划。应该不断地评估并制订目标计划。

4. 如何制订目标计划

我们需要做的第一件事是为孩子的能力和需要进行评估。接下来就可以开始设定目标，并考虑哪些活动能帮助孩子达到所定的目标了。

5. 好的目标计划的重要性

好的目标计划和不好的目标计划效果对比如下图所示。

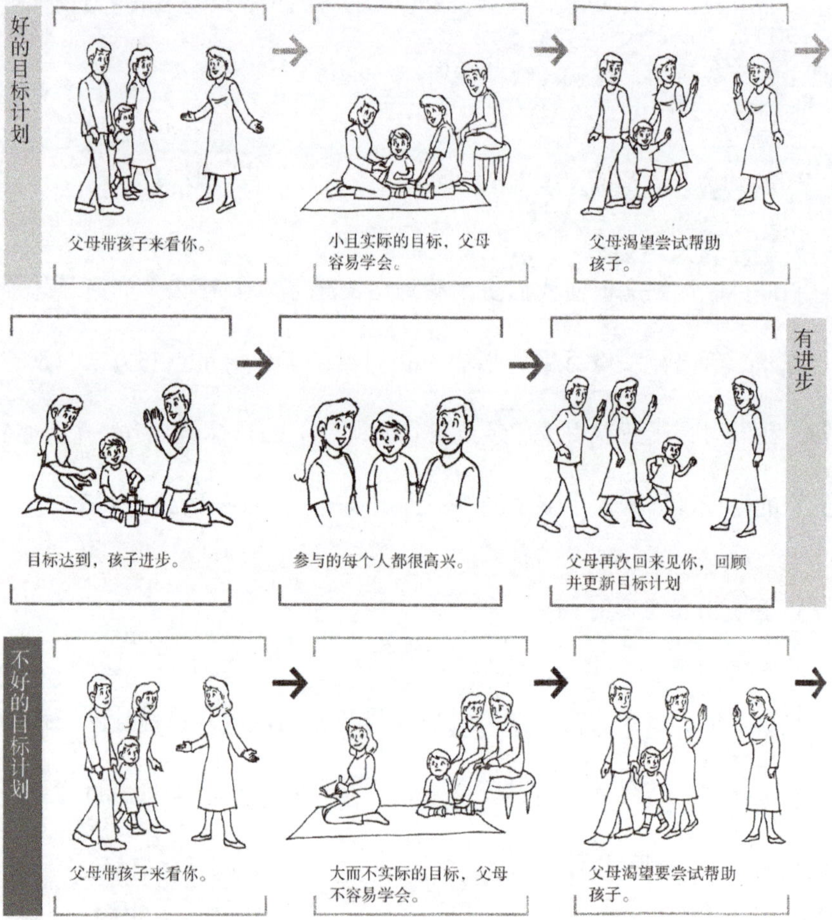

好的目标计划			
父母带孩子来看你。	小且实际的目标，父母容易学会。	父母渴望尝试帮助孩子。	
目标达到，孩子进步。	参与的每个人都很高兴。	父母再次回来见你，回顾并更新目标计划	有进步

不好的目标计划			
父母带孩子来看你。	大而不实际的目标，父母不容易学会。	父母渴望要尝试帮助孩子。	

续上图

图3-1 好的目标计划与不好的目标计划

二、制订目标计划的指南

（1）拿出已经完成的评估表，看孩子沟通能力的各个方面，并注意哪些方面有困难和需要。

（2）他们在哪些方面有困难，就是他们需要帮助的地方把它们记录在评估表第4页"长期目标"的下方，你的长期目标就是要改善它们。

（3）决定长期目标中需要帮助沟通技能的先后顺序。

（4）想出三四个能帮助孩子发展这些沟通技能的目标，这些将成为你的短期目标（把它们写在评估表"短期目标"的那一栏里）。

（5）现在想出有助于发展这4种技能的一些活动（在"如何"一栏里详细描述你所选择的活动）。

（6）在"由谁完成"一栏里，填上谁将与孩子一起完成这些活动。

（7）在目标计划的底部填上你的名字、评估日期及下次评估的时间。

（8）这就是你的目标计划（与孩子的父母一起复习它，并教他们如何在家实施计划）。

在你下次见到孩子和父母时，用评估表和目标计划回顾孩子的进步，以此来更新目标计划。

三、四种言语特殊困难儿童的目标计划

因为言语特殊困难孩子的主要困难是言语能力和听力，因此，对言语特殊困难儿童沟通能力的康复目标，也与其他残疾儿童的康复目标不同。

现在让我们仔细看看言语的四种特殊困难：声音排序的困难、清晰度困难、口吃和发音困难。

记住！在本书里，我们只讨论除有言语特殊困难外，没有任何其他残疾的孩子，所以，此处包括脑瘫、智力障碍、听力损伤或多重残疾的孩子。

1. 对于声音排序困难的儿童的目标

（1）改善孩子言语表达的可理解性；

（2）使孩子对交谈感到愉快；

（3）给家长和老师一般建议；

（4）在必要时，将孩子介绍给其他能帮助他的人。

2. 对于清晰度困难的儿童的目标

（1）帮助孩子更清晰地发出声音；

（2）使孩子对交谈感到愉快；

（3）给家长和老师一些建议；

（4）在必要时，将孩子介绍给其他能帮助他的人。

3. 对于口吃的儿童的目标

（1）帮助孩子以更容易并放松的方式说话；

（2）使孩子对交谈感到愉快；

（3）给家长和老师一般建议；

（4）在必要时，将孩子介绍给其他能帮助他的人。

4. 对发音困难的孩子目标

（1）帮助孩子用更自然的声音说话；

（2）最好是将孩子介绍给其他能进一步帮助他的人。

第 4 章　改善听力和言语能力的活动

在评估孩子的沟通困难并制订了沟通目标之后，我们就要考虑采用什么方法才能改善孩子的沟通能力。本章介绍常用的改善沟通技能的活动方法。

对于言语特殊困难儿童来说，他们除言语能力和听力以外的其他能力都是正常的。因此，本章我们将重点讨论发展言语能力和听力的活动。

第 1 节　沟通能力要素

一、沟通能力各要素

好，我想我现在明白了。但我还有一些问题想问你：你在手册中说我们应该决定从哪些困难的方面开始帮助，但是如果孩子在许多方面都有困难，我们要如何选择呢？

这个问题问得好。让我这样来回答你的问题：有一个可以帮助你做决定的方法是，我们需要了解孩子沟通技能的组成就像房子的构造一样。记住，关于这一点我们在第一章里已经看过了。

沟通技能各要素，见此前曾提到过"沟通房子"：

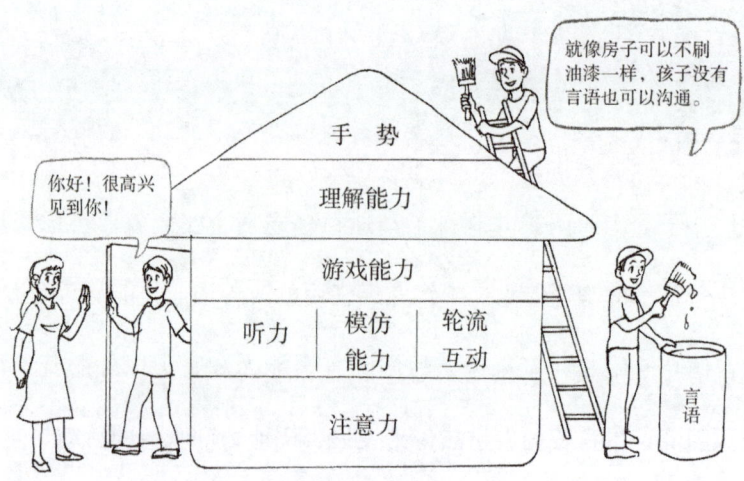

图 4-1 "沟通房子"

就像我们用一块块的砖建筑房子一样，孩子的沟通也由一个个的技能组成。在沟通所需要的各种能力中，注意力是房子的地基，它是最重要的技能。若没有它，孩子学习其他沟通所需的技能就会很困难。

我们把听力、模仿能力、轮流互动和游戏能力作为建房子的砖块，它们能帮助孩子建立理解能力并使用手势。理解能力和手势构成了房顶。我们把言语作为房子的油漆。这是一个完整的"沟通房子"。在看一个孩子某方面有困难时，我们需要记住建筑房子的顺序。首先是地基，然后是砖块，接着是房顶，最后是油漆。这也是建立沟通技能的顺序，我们应该按照它们的顺序进行工作。

所有的沟通技能是在孩子出生后慢慢发展并相互依靠的，记住这一点很重要。没有一个沟通技能可以独立发展，一个技能的发展很可能同时也发展其他的技能。

所以，通过建立所有的这些技能，我们就能够为孩子的沟通打开一扇门。

二、优先考虑的沟通能力

那么，回到你的问题——如果孩子在许多方面都有困难，记得"沟通房子"是如何建立的，这将帮助你决定先从哪个方面开始工作。让我们来想想John Muponda——他在注意力、听力、游戏能力、理解能力和使用手势方面都有困难。我们应该选择从注意力和听力两方面着手帮助他，因为它们是"沟通房子"的基础。在这些技能发展得比较好之后，我们再改进其他方面。还有别的问题吗？

我的第二个问题是，在决定了首先集中精力于帮助哪个方面后，我们如何知道要给予孩子什么活动去建立那一方面的技能呢？

又是一个好问题！有时候，考虑要给孩子的活动是不容易的，但如果你继续往下读，从下面的几页里你会发现很多方法。

对于言语特殊困难儿童，不言而喻，他们应该优先考虑的沟通技能是言语能力和听力。

这些活动的设计是与评估表同时使用的。如评估表中的各栏所示，这些活动按相同的发育阶段进行分类。所有活动均只使用日常用品和日常生活情景，并不需要昂贵的设备！

记住，这些活动只是提供了一些活动方法的建议，家长可以想出更多同样好的活动。

下面详细介绍针对听力和语言能力的活动方法。

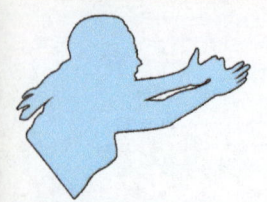

第 2 节 针对听力的活动方法

听力是孩子能仔细听声音和言语的能力。

如果孩子要学习和理解口头语言,就需要有仔细聆听的能力。

孩子一出生,对周围所有声音有意识,并开始对它们做出反应时,听力就开始发展了。之后就发展成为有选择性的聆听的能力。

"听力"的头两个阶段集中精力于鼓励孩子去倾听所有声音和跟别人说话的声音。

以后的阶段是要鼓励孩子更仔细地聆听,以此帮助他理解声音和言语。

1. 第一阶段 0~6个月儿童听力培养方法

图4-2 0~6个月儿童听力培养方法

2. 第二阶段 6～12个月儿童听力培养方法

图4-3 6～12个月儿童听力培养方法

3. 第三阶段 12～18个月儿童听力培养方法

图4-4 12～18个月儿童听力培养方法

4. 第四阶段　18个月～3岁儿童听力培养方法

图4-5　18个月～3岁儿童听力培养方法

5. 第五阶段　3～5岁儿童听力培养方法

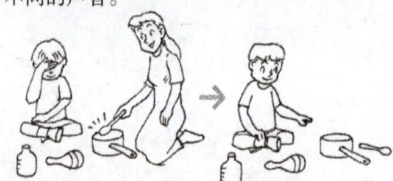
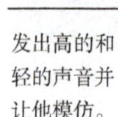

图4-6　3～5岁儿童听力培养方法

第3节　针对言语能力的活动方法

言语是孩子发出声音并把它们放在一起形成单词，后来再组成句子的能力。

孩子需要能够使用声音或言语作为表达自己的方式。

言语在孩子一出生发出咕咕声和咿呀声时就开始发展了。

它能发展成所有发出的言语声音，并把它们放到一起形成可以理解的单词和句子的能力。

"言语"的头三个阶段集中精力于鼓励孩子在有趣的情景中使用声音和单词。以后的阶段需要孩子自己说出单词和句子，并使用它们来进行沟通。

1. 第一阶段　0~6个月儿童言语能力培养方法

图4-7　0~6个月儿童言语能力培养方法

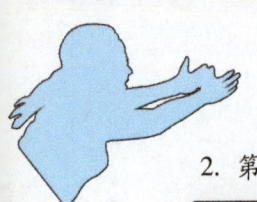

2. 第二阶段　6～12个月儿童言语能力培养方法

图4-9　6～12个月儿童言语能力培养方法

3. 第三阶段　12～18个月儿童言语能力培养方法

图4-9　12～18个月儿童言语能力培养方法

4. 第四阶段　18个月～3岁儿童言语能力培养方法

图 4-10　18个月～3岁儿童言语能力培养方法

5. 第五阶段：3～5岁儿童言语能力培养方法

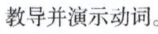

图 4-11　3～5岁儿童言语能力培养方法

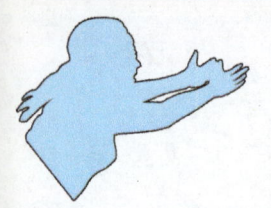

第4节 帮助训练口头语言的活动

对于言语特殊困难的儿童，帮助他们尽量多练习口头语言是很重要的。下面是一些可用于帮助他们练习口头语言的活动。

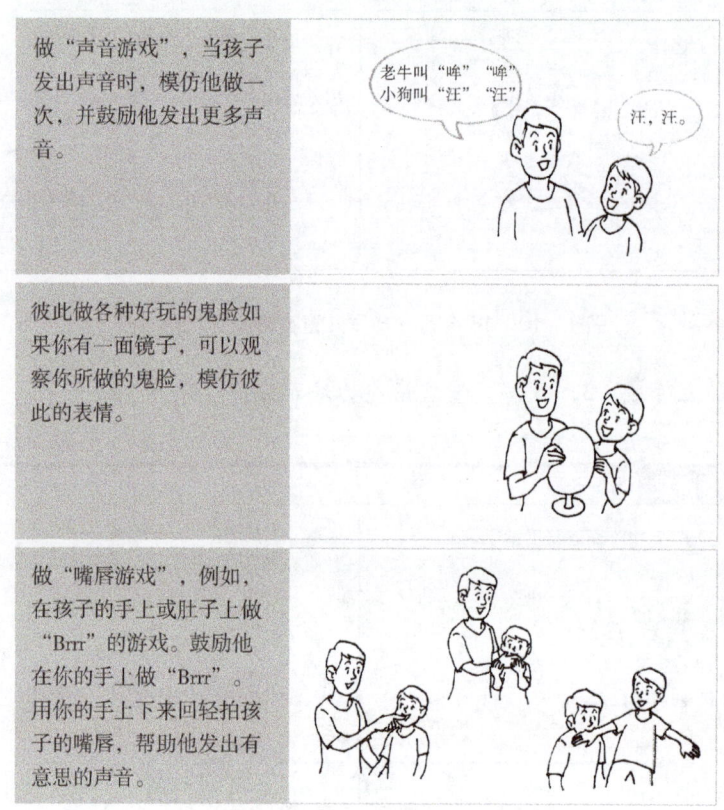

图4-12 训练口头语言的活动

当然，因为言语特殊困难儿童除了语言的表达以外并没有其他残疾，因此，上面这些练习只适用于正常婴儿的第2~4个阶段。更多的活动，见第5章有关内容。

第 5 节　活动方法使用指南

在介绍了许多活动方法之后，现在我们要看如何在目标计划中具体地使用它们。

活动方法使用指南：

（1）评估完成后，我们要决定孩子需要被帮助的沟通能力（记住，你的长期目标是发展这些能力）。

（2）制订 3 个或 4 个能帮助到那些沟通技能方面的目标，即短期目标。

（3）查看相关"活动页"，从中选择一个活动方法以达到每个短期目标。

（4）选择的活动要适合孩子的能力水平（查阅核对表，看孩子在每个方面的能力属于哪个阶段）。

（5）现在，和孩子试试这些活动，以确保它们是合适的（活动应该既不太难也不太容易）。

（6）如果你对所选择的活动比较满意，就把它们写在目标计划上，并把这些活动教给孩子的父母。

（7）另外，随着孩子的进步，你需要相应增加或改变活动。

第 5 章　四种言语特殊困难及其对策

本章将讨论四种言语特殊困难，即声音排序困难、清晰度困难、口吃、发音困难。我们将分别来看：

- 它们是什么；
- 它们是如何造成的；
- 如何鉴别；
- 如何制订合适的目标；
- 给父母的一般建议；
- 给老师的一般建议。

要帮助这些孩子可能会非常困难，你可能需要特别的建议。可以在当地找到相关专门人士来帮助有言语特殊困难的孩子，例如言语治疗师或言语校正师、心理医生、耳鼻喉科医生。如果你需要更多的帮助，就应该把孩子介绍给其他能帮助他的人。

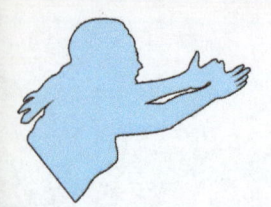

第1节 声音排序困难

一、声音排序困难的含义

1. 什么是声音排序

声音排序是把声音放到一起组成单词的能力。人的头脑中有一个模式，能告诉他如何把声音按照正确的次序去组成词语。当孩子头脑中的声音模式"丢失"或发生混乱时，就会发生言语困难。也就是说，孩子可以发出声音，但却不能把声音按照正确的次序放在一起组成单词。举例来说：

"Mark, can you say helicopter for Rosie?" "Hetopter." "Can you say it again for her?" "Topter." "And one last time?" "Hekoker."

【"马克，你帮罗茜说说 helicopter 这个词，好吗？" "Hetopter." "再说一遍可以吗？" "Topter." "最后说一遍？" "Hekoker."】

上面的例子中，马克能听懂别人的问题，也能对别人的问题做出反应，唯一困难的是，他虽然听到了 Helicopter 这个词的各个音节，但是，他却不能把听到的单词按正确的方式模仿出来。这就是出现了声音排序困难。

我们可以把讲话想象成织毛衣，如图 5-1 所示。

第 5 章 四种言语特殊困难及其对策

没有困难

有困难

想要织毛衣，我们的头脑中首先要有一个模式。那个模式告诉我们如何按照正确的顺序织毛线，制成我们想要的衣服。接下来，我们还需要肢体配合使用毛线针去织。

快下雨了。

雨，啊，下……

想要讲话，我们在头脑需要一个模式。那个模式告诉我们如何按照正确的顺序把声音组合在一起，说出我们想说的单词。我们也需要有能力去发出这些声音。

图 5-1 言语

声音排序有困难的孩子可以发出声音（可以说出一个个的音节，有时候音节本身也不能说好），但是头脑中没有如何按照正确的次序把声音组合在一起形成单词的模式。

2. 导致声音排序困难的原因

导致问题的原因是什么？
造成声音排序困难的原因通常是未知的。

3. 有声音排序困难的儿童会表现出的症状

声音排序有困难的孩子会：

● 言语不清楚；

- 听力可能有困难；

- 可能有把单词放在一起形成句子的困难；

- 在回答时，发出一个单独的声音是没有困难的；

- 言语器官没有结构异常。

4. 对于声音排序有困难的孩子的目标

我们的目标是：

- 改善孩子言语表达的可理解性；

- 使孩子对交谈感到愉快；

- 给家长和老师一般建议；

- 在必要时，将孩子介绍给其他能帮助他的人。

下面我们将依次看每一个目标，然后考虑如何能够达到它们。

二、声音排序困难儿童的康复目标及方法

1. 改善孩子言语表达的可理解性

如何改善孩子言语表达的可理解性呢？我们可以通过做游戏来发展孩子的听力技巧，反过来，这也能帮助到言语，具体图示如下。

第 5 章　四种言语特殊困难及其对策

在你对他说话时，提醒他"听"。	
做游戏，等听到你说"放"之后他再把石头放进罐子。	
播放音乐，让孩子跳舞。他们必须边听边跳，当音乐停止时都坐下。	
有旋律地敲鼓，孩子必须听，然后模仿你的旋律。	
大声敲鼓，孩子必须听然后模仿大象走路……小声敲鼓，孩子必须听然后模仿老鼠走路。	

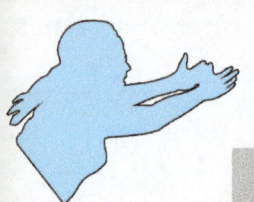

准备一套动物的图片。孩子必须听你发出的动物声音，然后与相应的图片配对。	
准备两个罐子，以不同的声音来给它们命名。比如一个罐子是"b"，另一个是"d"。孩子必须等着听你说"b"或"d"，然后把石头放进相应的罐子里。	
如之前的那个游戏，但是这次孩子必须从单词里听所发出的声音，然后再把石头放进相应的罐子里。	
说出常见物品的名字。在说的时候故意犯错误。孩子必须听，在你出错时纠正你。	
做"购物游戏"的孩子必须仔细地听单词。	

图5-2 通过游戏发展孩子的听力

每天都要花些时间和孩子做这些游戏,并且让它们做起来觉得很有趣!

2. 使孩子对交谈感到愉快

最重要的事是让孩子喜欢交谈,并鼓励他"练习"说话(如图所示)。

当孩子尝试交谈时鼓励他。即使他的言语不完全正确,也要认可他所做出的任何尝试。	
花时间和孩子一起说话。听他告诉你什么,并表现出感兴趣。	
坐在一起看图片和书。谈论它们,彼此讲故事。	
如果孩子不想,就不要强迫他在其他人面前说话。	

当孩子发错音的时候,不要嘲笑他,而是鼓励他,然后说出正确的单词让他听。	
告诉所有的家庭成员及朋友这些方法,这样他们都能知道如何帮助孩子。	

图5-3 鼓励孩子交谈的方法

3. 给家长的忠告

- 与其他沟通有困难的孩子一样,家长在家里帮助孩子是最重要的。家长应该在日常生活中让孩子参与到前面两点("如何改善孩子言语表达的可理解性"和"如何使孩子对交谈感到愉快")提到的所有活动;

- 确保家长真正了解孩子的问题,并向他们解释给孩子做舌系带切除手术对于孩子声音排序的困难没有帮助。

4. 给家长的一般建议

- 在对孩子说话之前必须确保他正在听;

- 如果孩子不能使用言语表达出他的信息,就鼓励他通过使用手势解释

他想要说什么；

- 对孩子要有耐心，不要责备他交谈的方法，因为他自己是控制不了的。

5. 给老师的一般建议

- 使用在"如何使孩子对交谈感到愉快"中所包括的方法；
- 给孩子与班上其他孩子一样的机会去交谈，但是如果孩子不想说就不要强迫他；
- 接受孩子因为想说话而做出的任何尝试，不要对他的言语做出特别的注意（记住，他怎么说并不重要，他说什么才是最重要的）；
- 设法对其他的孩子解释这个孩子的困难，劝阻他们不要嘲笑他；
- 如果孩子的困难妨碍他在学校的进步，就去当地教育行政机构寻求帮助，看在你的所在地有什么机构可以帮助这些孩子。

第 2 节　清晰度困难

一、清晰度困难的含义

所谓清晰度，是指言语器官通过协调运动而发出清晰的声音。

无论由什么原因造成的言语器官不能正常工作，都会发生清晰度困难。这意味着孩子可能不容易或不能清晰地发出某些声音，因而可能造成言语不清楚。

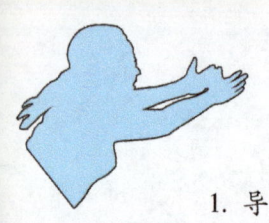

1. 导致清晰度困难的原因是什么

任何一个言语器官出现问题都可能会造成清晰度困难。言语器官有:

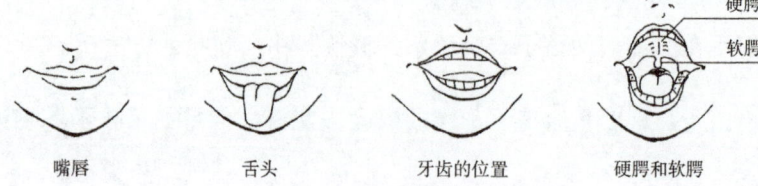

图5-4 语言器官

我们使用来自肺部的气流经过发音器官而发出声音,所有这些器官协同工作才能发出清晰的声音。因此,导致清晰度困难的原因可能有:

- 言语器官运动困难;
- 言语器官结构异常,如:唇裂,腭裂;
- 未知因素。

2. 清晰度有困难的孩子会有什么表现

清晰度有困难的孩子会:

- 言语不清楚;
- 不能把单词放在一起形成句子的困难。

他也可能:

- 曾经有过进食和喝水困难;
- 有控制口水的困难,如流涎;

- 周期性失聪；

- 其中一个言语器官结构异常；

- 有用嘴呼吸的倾向；

- 在说话时，鼻子呼出大量的气。

3. 我们对于清晰度有困难的孩子的目标

我们的目标是：

- 帮助孩子更清晰地发出声音；

- 使孩子对交谈感到愉快；

- 给家长和老师一般建议；

- 在必要时，将孩子介绍给其他能帮助他的人。

4. 发音不清晰和前面一节提到的"声音排序困难"的区别

请稍等一下！我现在有一点糊涂了。发音不清晰和声音排序的困难，二者有什么区别？你可以解释吗？

可以。记得之前我们说过讲话有一点像织毛衣。声音排序有困难的孩子有发出声音的能力，但在头脑中没有按照正确的次序把声音放到一起形成单词的模式。相反的，发音不清晰的孩子在头脑里有这个模式，但却没有能发出正确声音的能力。

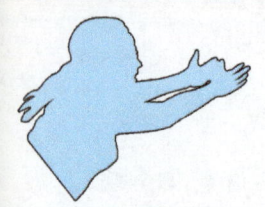

二、为声音清晰度有困难的孩子制定目标

1. 帮助孩子更清晰地发出声音

如何帮助孩子更清晰地发出声音?我们可以通过做一些游戏来促进言语器官的运动和协调。

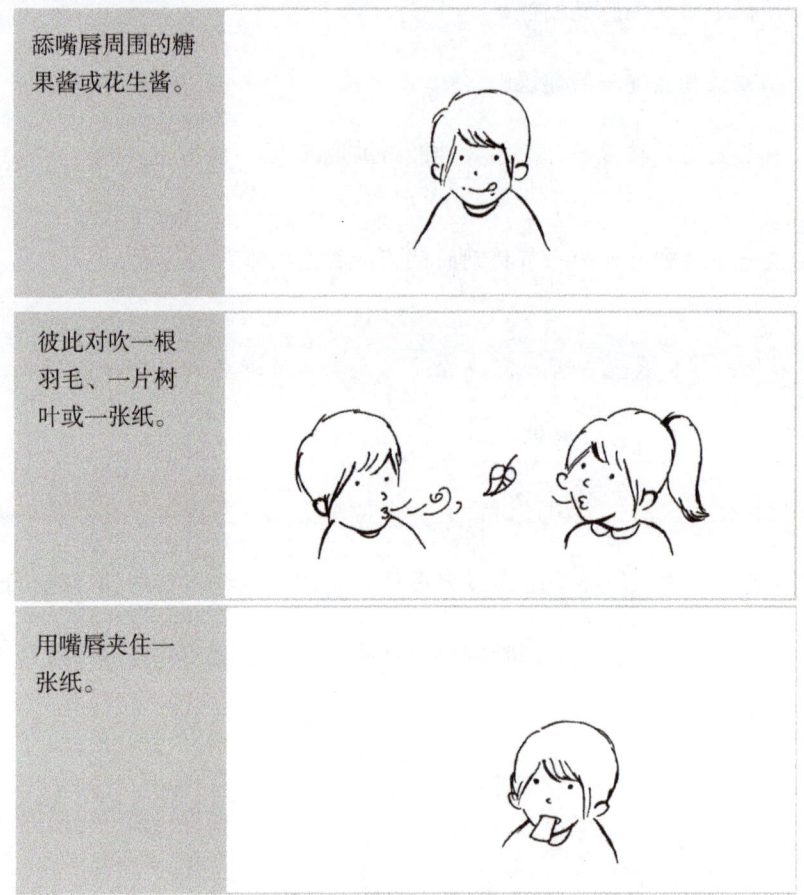

舔嘴唇周围的糖果酱或花生酱。	
彼此对吹一根羽毛、一片树叶或一张纸。	
用嘴唇夹住一张纸。	

图 5-5　通过游戏促进语言器官的运动和协调

通过改善孩子吃饭的习惯，我们也可以促进言语器官的运动和协调。（具体如下图所示）

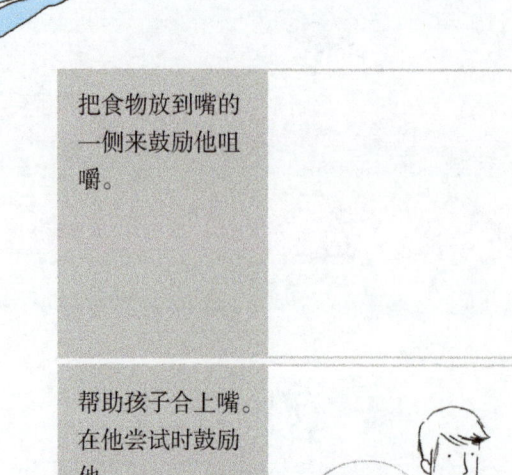

图 5-6 改善孩子吃饭习惯

应该每天和孩子做这些活动,但不要强迫他。要使活动做起来有趣,而且要大家一起来做。

2. 使孩子对交谈感到愉快

如何使孩子对交谈感到愉快?同样的,最重要的事是让孩子喜欢交谈,并鼓励他练习说话。

3. 给家长和老师的忠告

- 与其他沟通有困难的孩子一样,家长在家里的日常生活情景中帮助孩子是最重要的;
- 家长要让孩子参加"如何帮助孩子更清晰地发出声音"和"如何使孩

子对交谈感到愉快"中所包括的所有活动；

- 要确保家长真正了解孩子的问题，要让家长知道，给孩子做舌系带切除手术对于孩子声音排序的困难没有帮助。

4. 给老师的一般建议

- 使用前述"如何使孩子对交谈感到愉快"中所包括的方法；
- 给孩子与班上其他孩子一样的机会去交谈，但是如果孩子不想说就不要强迫他；
- 接受孩子因为想说话而做出的任何尝试，不要对他的言语做出特别的注意（记住，他怎么说并不重要，他说什么才是最重要的）；
- 设法对其他的孩子解释这个孩子的困难，劝阻他们不要嘲笑他。

如果孩子的困难妨碍他在学校的进步，就去当地教育行政机构寻求帮助，看在你的所在地有什么机构可以帮助这些孩子。

第3节 口 吃

一、口吃的含义

1. 什么是口吃

一个人在说话时，他能容易并放松地把声音放在一起形成单词，再把单词连在一起形成句子，这样，他的言语是流畅的。

口吃是一个人不能容易并放松地交谈，他的言语不自然且是吞吞吐吐的，

也不流畅。

2. 导致口吃的原因是什么

导致口吃的原因有许多不同的推测，但是没有一个推测已经被证实是正确的。可以说我们对口吃的起因并不清楚。

3. 口吃的表现症状

我们如何鉴别口吃的孩子？

如果你听人们说话，你会注意到，我们所有人说话都会有吞吞吐吐的时候——可能是因为我们紧张、疲劳或激动……每个人都有自己说话的方法——有些人说起话来十分流畅，而一些人则吞吞吐吐的。当一个人的言语过于吞吐，以至对那个人来说成为一个问题，或因为说话吞吞吐吐而造成与别人交流困难，那我们就可以说那个人有口吃。

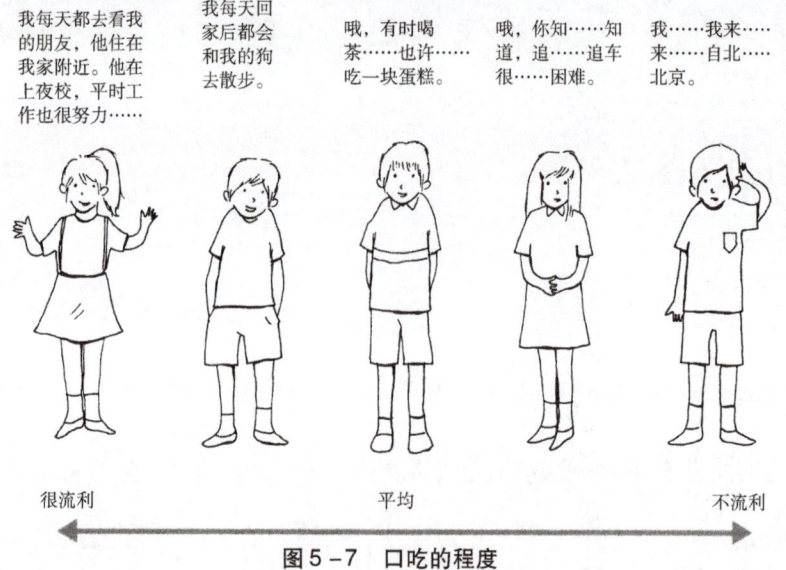

图 5-7 口吃的程度

如果一个人的言语十分吞吐,以至于对他或其他人造成问题时,我们就说他有口吃。

年龄在 5 岁以下的孩子说话吞吞吐吐是正常的,所以我们绝不要把年龄非常小的孩子的讲话不流畅归类为口吃。

二、口吃患者的康复目标

对于口吃的孩子我们的目标是什么?

我们的目标是:

- 帮助孩子以更容易并放松的方式说话;
- 使孩子对交谈感到愉快;
- 给家长和老师一般建议;
- 在必要时,将孩子介绍给其他能帮助他的人。

为了达到上述目标,我们要注意如下几个方面:

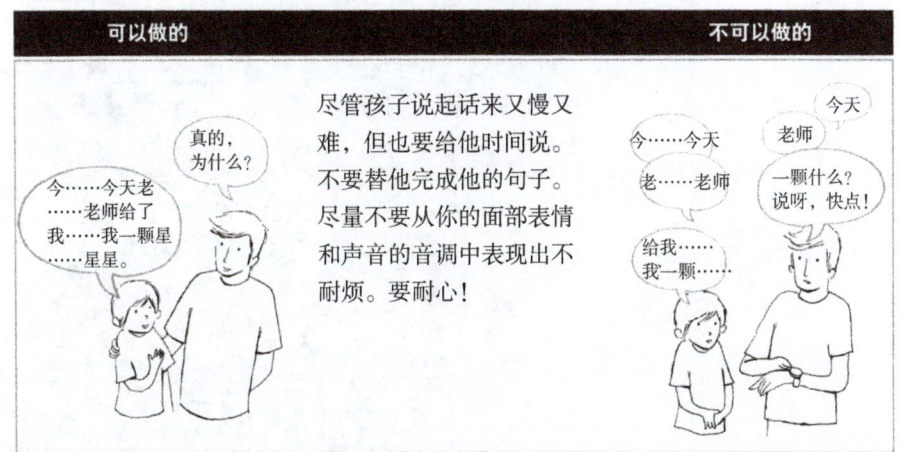

续上图

可以做的	不可以做的

 尽量仔细听口吃的孩子要说什么。在他说话时，不要打断他。也不要给他像"说慢些"、"放松点"或"说清楚些"的建议。

 记住总是对孩子说什么表现出感兴趣，而不是他如何说。

 即使你知道他会口吃，也要给孩子与其他孩子同样的机会交谈。不要在别人面前强迫他说，但是如果他想尝试，就鼓励他。

续上图

图 5-8 口吃康复方法

记住，与口吃孩子的家长和老师分享这些方法。与孩子有关的每个人都遵照相同的建议是非常重要的。要想了解更多关于如何使孩子对交谈感到愉快的方法，请参考本章第 1 节"声音排序困难"第二点"声音排序困难儿童的康复目标及方法"。另外，如果你需要更多帮助，看是否有可能将孩子介绍给当地其他能帮助他的专家。

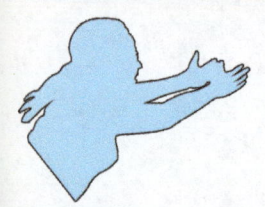

第4节 发音困难

一、发音困难的含义

1. 什么是发音困难

当我们说话时,肺部往上传送空气,通过人体的发音器官(包括咽喉、口腔、鼻腔、舌、齿、唇等)发出声音,我们称之为发音。声音是喉部的两个声带在空气通过时振动而产生的。

如果声带出现问题,不能正常地振动,就会导致发音困难。如果一个人有发音困难,他的声音可能听起来嘶哑、很小、过高或过低,也可能完全丧失声音。

2. 导致发音困难的原因是什么

通常,喉部的声带有光滑的表面,能同时平稳地振动。如果声带的光滑表面和声带的振动发生一些问题,就会造成发音困难。

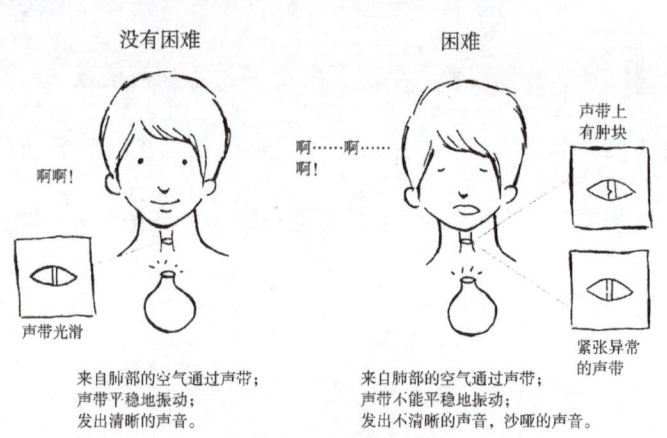

图5-9 发音困难状况

造成发音困难的原因：

- 过多喊叫或用嗓过度；
- 声带异常；
- 心理因素。

3. 发音困难的孩子的表现症状

如何鉴别发音困难的孩子呢？当一个孩子的声音听起来不正常时，我们就说他有发音困难。他的声音可能沙哑、太小、过高或过低，或可能只是听起来很奇怪。

二、发音困难孩子的康复目标

对发音困难的孩子，我们的目标是帮助孩子用更自然的声音说话。

最好是将孩子介绍给其他能进一步帮助他的人。

- 由于发音困难的起因较复杂，应该及时把发音有困难的孩子介绍到专家那里进行检查；
- 应该带孩子去看耳鼻喉科专家，检查声带本身是否有问题；
- 专家可以给家长建议，并可以介绍他们去看言语/沟通治疗师或心理医生。

同时，你也可以给家长和老师以下建议：

- 阻止孩子喊叫及过度用嗓；
- 鼓励孩子轻声地说话；
- 注意不要让孩子在有很多灰尘和烟尘的地方。

第6章 日常生活中的沟通能力与语言能力的培养

第4章第1节曾经提到，各种培养沟通能力的活动"只使用日常生活用品及日常生活情景"。可见，日常生活是培养儿童沟通能力的最佳场所。

本章讨论两个问题：一是如何在日常生活中尽量帮助儿童培养沟通能力，二是专门探讨如何在日常生活中帮助儿童培养语言能力。

第1节 日常生活中的沟通

【家长感言】

我从康复中心学习到如何教小培自己洗漱、穿衣、吃饭和上厕所。我的朋友经常鼓励我继续去康复中心，并遵循他们给我的建议。现在，小培可以自己吃饭、尝试自己穿衣服、上厕所。他能够说一些话，如果使用手势还能和别人沟通。我以前从来没有想过我可以在日常生活中教小培做这么多的事。

因为我平时工作太忙，没有多余的时间来帮助我的残疾孩子。看到他没有任何的进步使我很担心，但是为了养家，我又不得不去工作赚钱。后来我去了康复中心，那里的工作人员教我如何使用日常生活活动来教小迪。之后，我开始利用给小迪洗澡和穿衣服的时间对他说话、教他沟通。最终，他取得了进步。

我开始去康复中心并参加了一个家长支持小组。我在那里学到了如何照顾莎莎，让她保持清洁，使她能更好地进食，以及如何与她交谈，让她熟悉我的声音。我告诉自己我必须要爱莎莎，并且照顾她。我开始让她保持清洁，给她穿漂亮的衣服，这样，别人会注意到她看起来有多可爱，而不会只是去注意她的残疾。现在，人们称赞她的衣服和她看起来的样子，这使我感到很高兴。

我学习到如何在给小凡洗澡、穿衣服、喂她吃饭和做家务的时候帮助她。当时我被告知小凡只是说话慢些，她最终是能学会说话的。从那以后，小凡就一直在平稳地进步，现在她几乎和其他同龄孩子一样了。她学习自己洗漱和穿衣服，她也说很多话。现在，当我听到她的声音时就想：哈！小凡，你现在真的比以前开心多了！

一、什么是日常生活情景

日常生活情景是家庭日程的一部分，是在家里发生的活动，主要包括洗澡、穿衣服、吃饭以及家务活动，比如做饭、打扫卫生、洗衣服和盘子。

二、孩子在日常生活情景中可以学习什么

我们可以使用日常生活情景教给孩子许多不同的技能，包括增强独立性、

粗大运动技能、精细运动技能、认知技能、社交互动和沟通技能。见下图。

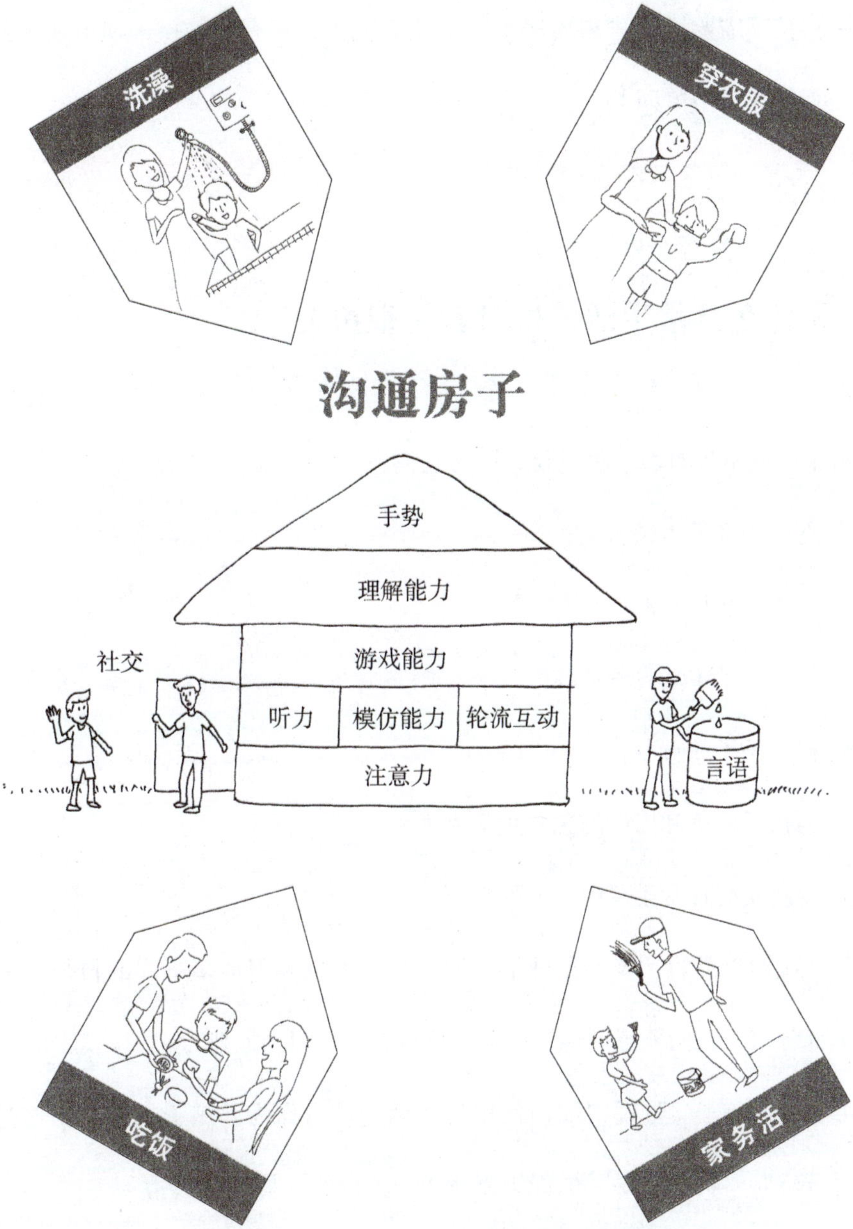

图6-1 "沟通房子"与日常生活情况

孩子能从日常生活情景中学到什么，这取决于他的能力和残疾情况。每个孩子都有自己个人的需要和潜能。因此，日常生活情景应该要能适应他们的那些需要和潜能。例如，一些孩子可能需要帮助其发展基本的沟通技能；另外一些孩子需要练习"沟通房子"的所有能力；还有一些孩子则可能已经在准备理解和使用单词了。

三、为什么日常生活情景对教学很重要

日常生活情景对教学很重要，因为它们：

- 在每天都发生很多次；
- 可以自然地互动；
- 鼓励孩子主动自理；
- 提高孩子的自尊；
- 为孩子上学和以后的独立生活做准备；
- 使用我们日常生活中需要的单词。

就像我们所说的，孩子在日常生活情景中可以学习许多不同的技能，但是在本部分里，我们要特别地了解他们可以怎样学习沟通能力。

如果能向孩子父母说明如何使用日常生活情景作为教孩子的机会，这些情景对于建立"沟通房子"的能力就能成为无价的工具。

此外，日常生活情景显然还有以下好处：

- 有趣；
- 不需要额外的时间；

- 不需要特殊的设备和玩具；

- 所有家庭成员都可以参与。

四、在日常生活情景中学习沟通的重要原则

先让我们观察两位妈妈的不同表现：

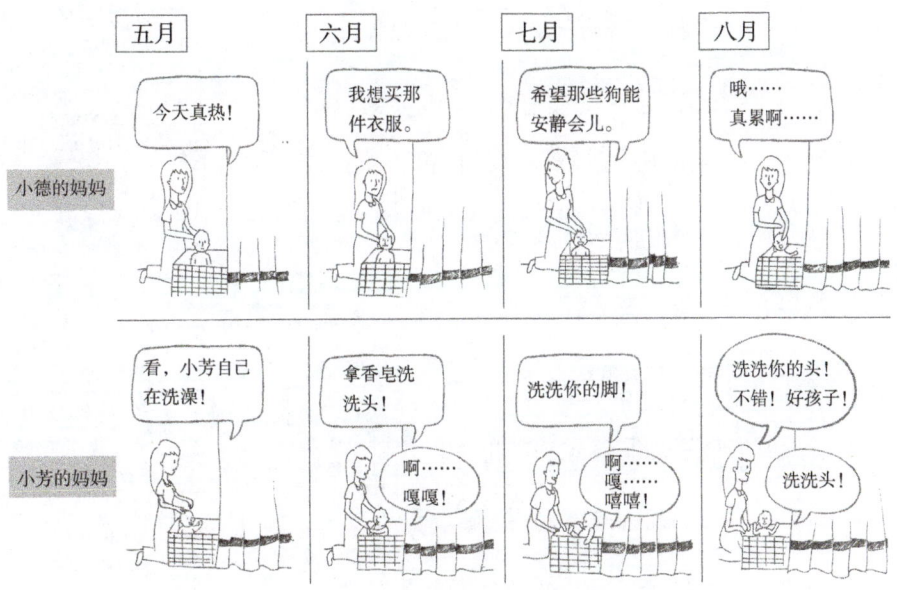

图6-2 两种沟通方法

思考：这两位妈妈有什么不同？

小德的妈妈没有兴趣给孩子洗澡，也没有和孩子互动。从5月到8月的这段时间里，无论是小德的妈妈或是孩子的行为都没有改变。

小芳的妈妈有兴趣给孩子洗澡，并努力和孩子互动。作为努力的结果，小芳对沟通有更多的反应和兴趣。她的理解能力得到了改善，也开始参与洗澡。

从上图可以看出，小芳的妈妈通过使用自己的沟通能力，把日常生活情景转变成孩子可以发展沟通技能的机会。这是我们每个人都应该尝试做到的。

从小芳的妈妈身上我们可以学习到在日常生活情景中学习沟通的重要原则。

- 和孩子在一起时的情景，她投入全部的注意力；
- 和孩子说话之前，她通过叫孩子的名字和触摸孩子来得到孩子的注意力；
- 她使自己与孩子处在相同的水平位置；
- 她与孩子有良好的视线接触；
- 她告诉孩子她正在做什么；
- 她使用清楚、简单的语言；
- 她经常有联系地重复重要的单词；
- 她使用有趣的面部表情和声音；
- 她使孩子参与活动，并鼓励孩子自己尝试；
- 如果孩子尝试了，她会表扬孩子。

记住：重要的是你如何对孩子说话，而不是你对孩子说了多少话。

让我们也去试试这些重要原则吧。

五、在日常生活情景中培养儿童沟通能力的关键点

记住：

- 只要所有家庭成员都能以自然和轻松的方式沟通，日常生活情景就能成为有价值的时间；

- 是否可以把一个普通的日常生活情景变成有趣的和有价值的学习机会，关键在于我们怎样处理；

- 日常生活情景可以是很有趣的；

- 如果我们能很好地使用自己的沟通技能，我们就可以帮助孩子发展他的沟通能力；

- 帮助孩子尽可能多地自理，可以使他成为社会上有价值、被接纳的一员。

六、本节小结

- 日常生活情景是在家庭中每天有规律地出现的情景；

- 孩子在日常生活情景中可以学习许多不同的技能——沟通只是他可以从中发展的一个方面；

- 日常生活情景是学习沟通能力，包括学习单词的最佳情景；

- 日常生活情景是让沟通能在一个功能性环境下发生的自然情景；

- 根据每个孩子的需要和我们帮助孩子的目标，可以用不同的方法使用日常生活情景；

- 日常生活情景可以用来教沟通能力处于不同水平的孩子，从基本沟通到理解和使用单词；

- 通过使用日常生活情景，家人可以通过每天的家务活动来教他们的残疾孩子；

- 对于没有太多空余时间和孩子游戏的家人，应该鼓励他们使用日常生活情景帮助他们的孩子学习；

- 日常生活情景对所有的孩子都是最有价值的学习机会。

第2节 儿童语言能力的培养

对正常人而言，人际交往、沟通的最重要工具是语言。在"沟通房子"中，语言的作用相当于该房子的外漆，遍布了"沟通房子"的每一个角落。因此，培养儿童语言能力对于儿童的成长具有极其重要的意义。

而儿童的语言能力主要是在日常生活情景中形成的。父母必须充分利用各种日常生活情景帮助残疾儿童发展语言能力。

一、单词学习基本知识

学习理解和使用语言是所有沟通能力中最困难的一种能力。因为它是如此的重要，因而我们现在就要仔细地来看看人们是怎样学习语言的。

日常生活情景是学习理解和使用单词的最佳时机，因为这是在自然的、有意义的情况下使用单词。另外，因为这些情景每天都在发生，并且一天之中不止出现一次，所以，经常地重复单词和情景能使孩子更加熟悉它们。我们每个人都是这样学习口头语言的。

就像我们在第一章里所说的，口头语言只是沟通的一部分。虽然不是所有沟通有困难的（残疾）孩子都能发展口头语言，但有一些孩子是可以发展的。日常生活情景为那些准备理解和使用单词的孩子提供了理想的学习机会。

1. 如何学习单词

大多数人能容易地学习使用单词，不会再三考虑，就像小时候学习使用单词的过程。为了帮助我们更好地理解正在学习说话的孩子，我们可以回想自己过去开始学习第二语言时的经历。

试试这个活动：

图6-3 学习单词

2. 究竟什么是单词

单词是用于代表东西的符号。

单词使我们能够谈论没有在场/看不见的东西。

只要交流沟通中另一个人能理解一个声音的意思,就可以称那个声音为单词。

很多不同的单词可以用来代表茶杯、狗和面包。并且，这些只是在全世界用于茶杯、狗和面包的许多单词中的一部分而已。

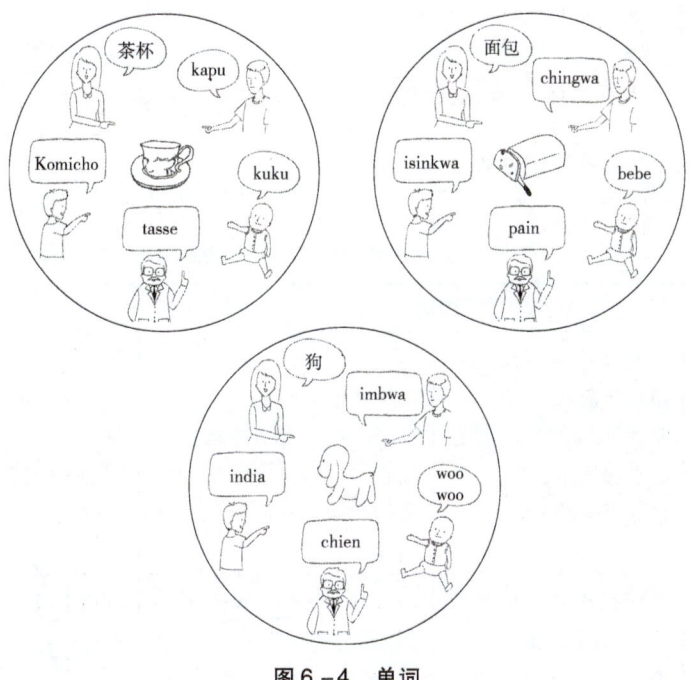

图6-4　单词

3. 学习单词的三个阶段

要真正地学习和理解单词，仅仅听别人说是不够的。单独地听一个词并不能帮助孩子明白那个单词的意思。必须把单词与东西或情景联系起来，这个单词才变得有意义和实用。

要使孩子真正能学习到单词，他必须：

● 听到这个单词；

● 看到它所代表的东西；

● 看到这个东西被使用；

- 握住这个东西；

- 使用这个东西；

- 感觉这个东西；

- 经常地体验这个情景/东西。

因此，学习单词包括如下 3 个阶段：

表 6-1　学习单词的三个阶段

阶段	孩子	成人	重点
1. 理解意思	听到单词在许多不同情景中被使用。把所听到的单词和它的意思联系起来。开始理解单词。	在许多不同情景中强调并使用这个单词。重复单词，并清楚地把它和它的意思联系起来。坚持使用同样的单词代表同样的事物。	孩子不需要说。让孩子积极地参与到情景中。耐心——这个阶段需要花时间。
2. 模仿成人	设法模仿他在情景中所听到的单词。通过成人的反应，得到鼓励。不断尝试。	给孩子时间尝试使用单词。表扬孩子为说出单词所做的任何努力。前后一致地持续使用单词。	对孩子耐心点，不要强迫他说。不要说得太多。在这个阶段给孩子大量时间——不要催促孩子进入第三阶段。
3. 有意义地使用单词	考虑自己想要表达什么意思。记住这个单词以及它的意思。记住如何说出这个单词。	保持相同的活动能给孩子时间思考并使用单词。表扬和接受孩子在有意义的情景中，为使用单词所做出的努力。	不要太快进行新的活动，教授新的单词——孩子需要练习。做一个好的榜样来让孩子跟随。

4. 真实的单词使用情景

对比图 6-5 所示的两种情况，你就能看出帮助孩子在三个阶段取得进展，对孩子学习单词有多么重要。

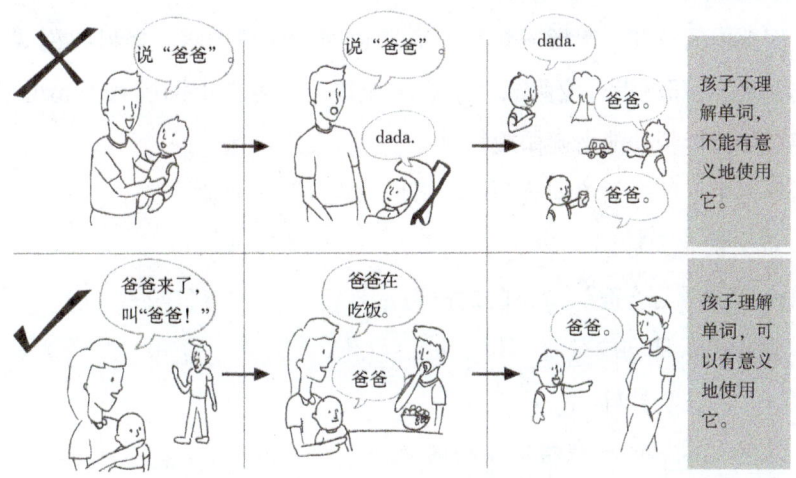

图6-5 学习单词的两种情况

5．词性的理解

单词有不同的类型，儿童学习不同类型单词，是按照特定的顺序进行的。我们所使用的单词主要可以分为以下几类：

早期

- 人称词，如妈妈、爸爸、小玲、小明；
- 名词，如球、汽车、椅子、布娃娃、书；
- 社交词，如再见、你好、不、是。

后期

- 动词，如吃、睡、走、洗澡、煮饭、洗；
- 形容词，如热、冷、大、小、快、慢。

孩子在以后也需要学会其他一些词，如：我、他、你、去、哪里、里面、下面、旁边、上去、下来、他们。

6．组词成句

孩子在学会理解和使用许多单个的单词之后，就需要学习如何把这些单

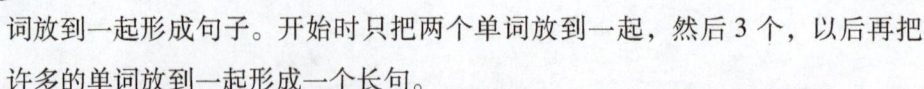

词放到一起形成句子。开始时只把两个单词放到一起，然后3个，以后再把许多的单词放到一起形成一个长句。

我们把单词放到一起形成句子时需要遵循一些规则吗。如果我说"书这本有趣的是"，那就没有按照规则来说。在孩子学习把单词放到一起组句时，他可能需要我们帮助他来遵循规则。

指导孩子把单个的单词放到一起形成早期句子的规则有：

- 社交词＋人称词

如——"再见爸爸"、"是的妈妈"；

- 动词＋人称词或东西

如——"洗洗娃娃"、"喂宝宝"；

- 人称词或名词（东西）＋动词

如——"爸爸走"、"娃娃睡觉"；

- 形容词＋人称词或名词（东西）或动词

如——"大锅"、"更多的牛奶"。

记住使用以上的规则来帮助孩子从单个单词进入双词句子。

另外，回想一下我们说过的孩子如何学习理解和使用单个的单词。孩子学习如何把几个单词放到一起形成句子的方法也是完全相同的。他通过以下的方法来学习把单词放在一起形成句子：

- 通过听到成人在各种日常生活情景中使用双词句子；
- 通过把被使用的单词和相关的情景联系起来；
- 通过理解所使用的单词的意思；
- 设法在情景中模仿成人的双词句子；
- 通过自己记住在有意义的情景中如何说出双词句子。

记住：

- 表扬孩子所做的任何尝试；
- 经常在有意义的情景中重复片语；
- 经常使用孩子知道的单词，设法把相同的单词放到一起形成新片语；
- 在孩子开始把两个单词放在一起之后，他就能很快地学会造比较长的片语和句子了。

7. 学习单词指南

● 首先要确定孩子是否已经准备好学习单词的意思——他已经在使用手势了吗?他喜欢假想性游戏吗?他已经能使用一些有意义的声音了吗?

● 如果是,决定哪些单词对于孩子的学习是有帮助的——他对什么感兴趣?可以使用什么情景来教孩子?开始使用上面属于早期的那些单词教孩子,也就是人称词、名词和社交词,以后再教动词和形容词;

● 考虑如何教孩子单词——选择5~10个单词教孩子,回想前面学习单词所包括的三个阶段,思考使用什么情景来教孩子学习你所选择的每一个单词。

图6-6 在日常生活情景中学习单词

记住:

● 每次教他们时不要超过10个单词;

● 耐心点,在接着学习新的10个单词之前,要确定孩子已经熟悉了前10个单词;

- 虽然孩子的发音在开始时不会完全正确，但在他每次尝试开口时都要表扬他。

二、日常生活情景与单词学习

现在，我们要看一些更详细的日常生活情景，以及可以用来帮助建立"沟通房子"能力的活动。仔细地看每一幅图片，思考可以在各情景中培养哪些沟通能力。

1. 洗澡

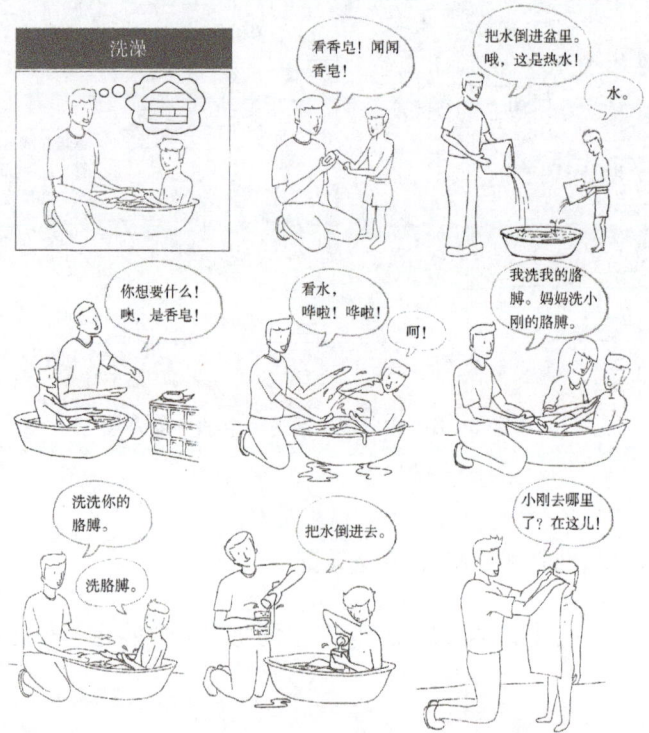

图 6-7　在洗澡时学习单词

给孩子洗澡时可以教下面的单词:

人称词:爸爸、小刚等。

名词:盆子、水、香皂、毛巾、衣服、头、胳膊、腿、肚子、脸、头发等。

社交词:哗啦、看、呵、给我、再见。

动词:看、闻、倒、洗、擦、进去、出来、坐下、站起来、玩。

形容词:热、冷、干净、脏、快、慢、柔软、粗糙、滑。

2. 穿衣服

图6-8 在穿衣服时学习单词

给孩子穿衣服时可以教这些单词：

人称词：妈妈、小强等。

名词：衬衫、短裤、裤子、鞋、袜子、帽子、扣子、鞋带、拉链、胳膊、腿、脚等。

社交词：哈、好孩子、看等。

动词：戴上、摘下、系上、束紧、穿上、脱下等。

形容词：聪明、新的、旧的、长的、短的、红色的、棕色的、绿色的、热的、凉的等。

3. 吃饭

图6-9 在吃饭时学习单词

在吃饭时间可以教这些单词：

人称词：小洁、小明、妈妈、小强、爸爸等。

名词：粥、肉、蔬菜、汤、盘子、杯子、锅、橘子、香蕉、宝宝、娃娃、勺子、火等。

社交词：拍手、请、还要、给我、好孩子、再见、谢谢、不要了等。

动词：吃、煮、拿、给、擦干、拍、弄干净、放、搅拌、喂、取。

形容词：热、冷、饿、满、甜、渴、好香、好吃等。

4. 家务劳动

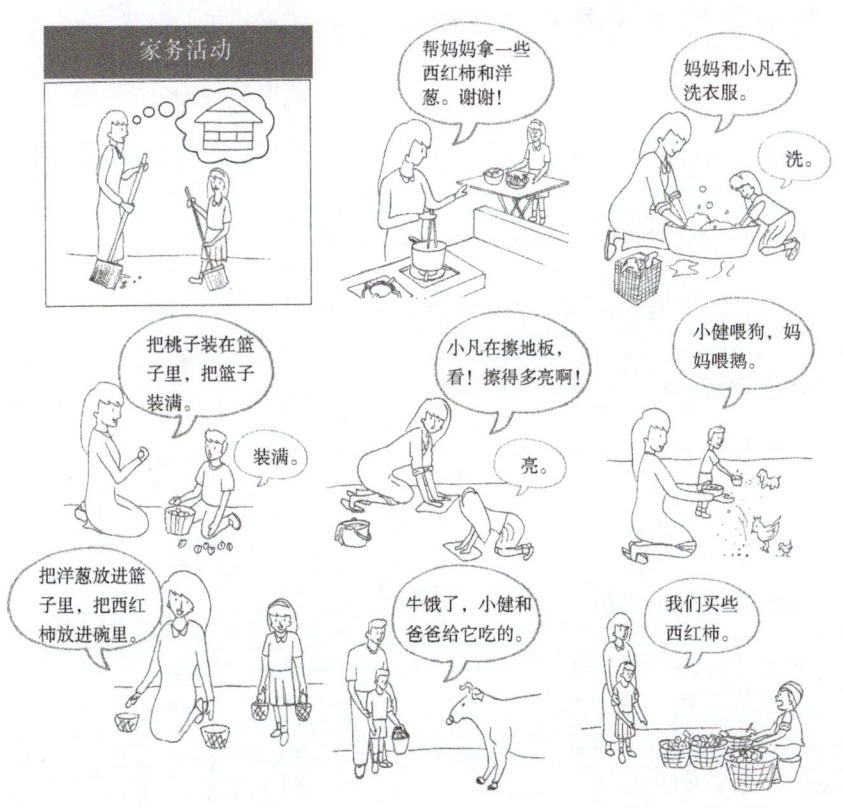

图6-10　在家务劳动中学习单词

在指导孩子做家务劳动时可以教这些单词：

人称词：妈妈、爸爸、小健、小凡等。

名词：番茄、盘子、洋葱、衬衫、短裤、狗、鸡、牛、上光剂、树丛等。

社交词：你好、再见、好孩子、做得好、谢谢、小心等。

动词：洗、给、喂、擦亮、擦洗、收集、买、选择、扫、发现、帮助等。

形容词：干净、脏、饿、满、亮、好看等。

三、关于学习单词需要记住的重点

- 单词是象征东西的符号；
- 使用不能理解的单词，对于沟通是没有意义的；
- 每次选择不要超过 10 个单词集中教给孩子；
- 孩子需要学习不同类型的单词；
- 注意你所选择的单词对孩子来说是有用的；
- 尽可能多地想出可以教给孩子单词的情景；
- 记住学习单词包括了三个阶段；
- 积极地让孩子参与活动，清楚地向他解释单词的意思；
- 给孩子时间去听和思考你在说什么；
- 绝不要强迫孩子重复你说的单词；
- 只要孩子努力说出单词，即使他的发音在开始时可能不正确，你也应

该表扬他；

- 一旦孩子开始使用一些新单词，就要在日常生活情景中继续使用这些单词，这样孩子就会牢牢地记住这些单词；

- 当孩子准备好学习新单词时，就选择5个新的单词教给他；

- 日常生活情景是学习单词的最佳时机。

第7章　学校教育

残疾儿童可以上幼儿园或小学吗？

这是一个好问题。设法为孩子安排幼儿园或小学是我们帮助残疾孩子中一个自然的阶段。理论上，每个残疾孩子都能在教育方面有一定程度的获益。问题在于如何让你的孩子从教育中获得最大的益处。正因为这样，你需要与教育工作者紧密合作。

那么，与教育工作者——幼儿园或小学老师合作的目的是什么？应该怎样与他们合作？

说到目的，我们的主要目的是提高对残疾孩子综合需要的意识；要分享我们工作的情况以及在和残疾孩子工作时我们所扮演的角色；对教育工作者的工作和角色有一个更好的理解；一同合作，为孩子在幼儿园或学校里安排一个适合的位置，为他提供教育机会来配合他的需要；与老师合作，分享如何能最有效地在班上帮助残疾孩子；为班上有残疾孩子的老师提供一些支持和实际的帮助。

而具体该如何合作，则取决于具体的情形。我们分幼儿园和小学两个阶段予以讨论。

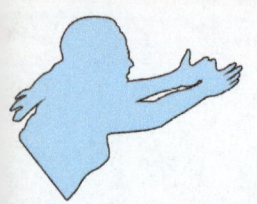

一、言语特殊困难儿童上幼儿园

1. 要了解幼儿园的情况

我国没有政府设立的专门接收残疾儿童的幼儿园。因此,残疾孩子上幼儿园时,他也像所有其他的孩子一样,参加班上每天的日常活动。此外,通常,幼儿园里没有额外的工作人员来帮助管理残疾孩子。

每个幼儿园在由谁管理、收费、所提供的设施、他们是否愿意接收残疾孩子和/或他们的能力等方面都是各不相同的。一些幼儿园有受过训练的老师,而一些却没有。因此,要设法与你所在地区的幼儿园建立良好的关系,并了解他们是否愿意和/或有能力接收残疾孩子,这一点很重要。

2. 明确送孩子上幼儿园的目的

为孩子提供一个学习新技能(包括社交技能、日常生活技能、阅读技能、预备书写的技能)的机会。

为随时能上小学而做好准备。

康复工作者和老师都理解彼此在帮助残疾孩子这一任务的重要性。尝试想一些方法来使幼儿园和学校的老师也加入到你的工作中,这样你们就能彼此协助了!

3. 言语特殊困难孩子适合上幼儿园吗

虽然大多数孩子都可以受益于上幼儿园。但不是每个残疾孩子都适合上幼

儿园的。在送残疾孩子上小学之前，他们中的大多数确实很需要有上过幼儿园的经验。因此，对于以后可能要上小学的孩子，先上幼儿园是一个重要的预备。

小强可以自己做每一件事，但他的说话不怎么好。我可以送他去幼儿园吗？

可以！上幼儿园能真正地帮助到小强——甚至可能改善他的说话。送他去吧！

我不打算送小兵去幼儿园。我要等他到了上小学的年龄，再送他去读书。

请记住——上幼儿园是为孩子上小学做准备。能给孩子信心，帮助孩子在以后上小学时更容易适应。

在考虑让一个孩子上幼儿园之前，他必须能够：

- 自己吃饭；
- 自己上厕所；
- 只需少量的协助，可以自己穿脱衣服；
- 自己洗澡；
- 在一段合理的时间内，能够坐下并集中精力于一项活动；
- 可以和其他孩子很好地游戏并互动；
- 用一些方法表达他的需要；
- 理解简单的指令。

因为言语特殊困难儿童除语言能力（以及部分听力）有缺陷以外，其他沟通能力都是正常的，因此，完全可以上幼儿园。

4. 发展幼儿园技能

什么是幼儿园技能？幼儿园技能包括注意力、观察能力、记忆力、配对和分类能力、使用铅笔和手眼协调能力。

一般来说，言语特殊困难儿童完全具备幼儿园技能。

5. 通过活动发展幼儿园技能

很多活动都可以帮助幼儿发展注意力、观察能力、记忆力、配对和分类能力、使用铅笔和手眼协调能力的幼儿园技能。可以找一个安静的地方，和孩子坐下来一起尝试这些活动。

6. 给幼儿园老师的建议

幼儿园老师应该如何关照残疾儿童呢？下面是一些建议（见表7-1所示）。

表7-1　给幼儿园的建议

可以做的	不可以做的
要创造一个安静的气氛，在孩子的学习小组里没有分心的事物，老师可以走动，轻声地对每个小组说话。让残疾孩子坐在你桌子的附近，这样你可以看到他的进展情况。	在一个大的团体里，要尽量避免让所有孩子进行一个相同的活动，学生通过大声的喧闹来得到老师的注意力，老师只有大声喊叫学生才可以听到。

第7章 学校教育

续上表

可以做的	不可以做的
如果可能，安排一名助手给残疾孩子，这样他不会太落后。	尽量避免自己一个人应付一大帮孩子，并且其中有需要特别帮助的残疾孩子。
听着！	所有人围成一个圈……我再说一次，所有人围坐成一个圈！
慢慢地、清楚地说，设法使你的指令简单而直接，在必要的时候使用手势。 首先，拿出你们的书。	避免给太长和复杂的指令，也不要说得太快。 快点！我们想要书！把它们拿出来！你们必须画个圆圈，再画一个方形……
耐心点！给残疾孩子时间来反应和完成困难的活动。 不用着急，你有充足的时间。	在孩子不能很快地反应或完成一个活动时，不要催促他或失去耐性。 什么！还没做完！快点嘛！

续上表

可以做的	不可以做的
残疾孩子在做一件有困难的活动时，可以给他指导。帮助他尝试着自己做。 	不要替孩子做。 
尽可能地像对待其他孩子那样对待残疾孩子。 	你不允许其他孩子有的行为，也不要让残疾孩子例外。不要过分地特殊对待他。 
设法与残疾孩子的家长联系，了解更多有关孩子的情况，持续告知他们孩子的进展。教他们可以怎样在家里帮助孩子。 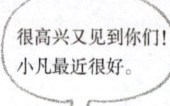	在你帮助一个残疾孩子时，不要忽略了家长。他们是最重要的人。 

7. 要给幼儿园老师专门写一份报告，说明残疾幼儿的情况

一个幼儿园老师要求我给他写一份关于小康的报告。小康有些口吃，他的妈妈和我想让他上幼儿园。我应该在报告里写些什么才会对幼儿园老师有所帮助呢？你可以给我一些建议吗？

可以。以下是一份你需要在报告中包括的内容标题。基本上，幼儿园老师需要知道小康能做什么，他的困难是什么。我希望下面的报告大纲可以对你有所帮助。

表7-2　给幼儿园的建议报告大纲

给幼儿园的报告（提纲）
孩子姓名：　　　　　　出生日期： 住址：　　　　　　　　年龄： 残疾说明： 能力摘要： ● 听力和视力—— ● 运动技能—— ● 自理技能——吃饭；脱衣服；穿衣服；洗澡；上厕所。 ● 社交技能——和其他孩子互动；和成人互动。 ● 行为技能—— ● 沟通技能——注意力和听力；理解能力；表达能力。 ● 其他困难—— ● 总结/建议—— 　　　　　　　　　　签名：　　　　　报告日期：

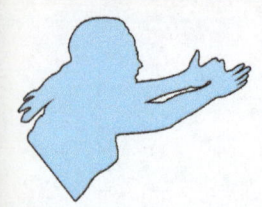

二、言语特殊困难儿童上小学

1. 要了解哪些学校可以接受残疾儿童上学

了解特殊教育学校的情况，按规定程序办理入学。

2. 发展学校技能

什么是学校技能？一旦一个孩子已经发展了幼儿园技能，他就可以准备学习一些比较难的技能。它们是在学校的最初几年里所教授的技能。因此，我们称了它们为学校技能。

言语特殊困难儿童基本上都具备学校技能。

3. 给学校老师的建议

学校老师应该如何关照残疾儿童呢？下面是一些建议（参见表7-3所示）。

表7-3 给学校的建议

可以做的	不可以做的
让孩子坐在可以清楚地看到和听到你说话的位置，并且你也能较容易地看到他的进展情况。	不要让孩子坐在看不清也听不清你说话的位置。同时也要注意，不要让他坐得离你太近，那会使他感到难堪。

续上表

可以做的	不可以做的
在你对全班学生说话之前，先得引起他们的注意。特别是残疾孩子，注意他能否听到并明白你所说的话。要不断地察看他能否明白。 请注意！	在没有确定孩子在注意或听的情况下，不要给他们指示。 翻到第2页……嘿！你们怎么都不听呢！
残疾孩子在做困难的活动时，可以给他指导。在他遇到问题的时候要帮助他。 试试在这里画一个圈。	在你看到孩子遇到困难时，不要不理会他，但也不要替他做。 让我来做吧！
孩子花很长时间做事或说话时，要对他有耐性。 慢慢来，不着急。	在孩子不能很快地做出反应或做完成活动时，不要催促他或失去耐心。 快点，你到底想说什么？！
让残疾孩子尽量多地参与班上的活动。找一些他能做的特别的活动。 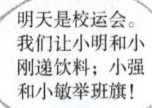明天是校运会。我们让小明和小刚递饮料；小强和小敏举班旗！	不要仅仅因为孩子有残疾就把他排除在活动之外。 明天是校运会。小强，你就不用来了。

续上表

可以做的	不可以做的
使用残疾孩子可以回答的方式来提问。 "用手把中国的首都指出来。" "对了，小明，非常好！" [北京 广州 上海]	不要使用让残疾孩子无法回答的方式来提问，虽然他知道那个答案。 "中国的首都在哪里？" "我知道！但我说不出来。"
用同样的标准来要求全班同学的行为。 "你们太调皮了，所以课间休息时间必须全部留在教室里。"	不要特别地宽待残疾孩子。如果他有错误的行为，就应该像惩罚其他的孩子一样惩罚他。 "你们太调皮了，除了小明以外，在课间休息时间所有人必须留在教室里。"
尽可能地，像对待其他孩子那样对待残疾孩子。 "我们一起来读这首诗。"	不要特别强调孩子的残疾情况。 "每个同学必须造一个句子。哦，小明就不用了，因为他说话不清楚。"
尝试联络孩子的父母以寻求你所需要的建议，并且持续告知他们孩子的进展情况。 "和你们谈话太有帮助了。希望你们能再来。"	在尝试帮助参加活动的孩子时，不要忽视了他们的父母。他们能提供很大的帮助。 "小明需要特别的帮助，但是我应该去找谁呢？" "他从来没问过我们！"

续上表

可以做的	不可以做的
与当地的教育部门保持良好的关系。持续通报他们孩子的近况，在有需要的时候寻求他们的帮助和建议。	不要与那些可以帮助孩子的人互不来往。与当地的教育部门保持联系，与他们共同努力帮助孩子。

对于有言语特殊困难的孩子，老师应该：

- 确保老师讲课时孩子在听；

- 使用简单、清晰的语言及熟悉的词汇；

- 经常清晰地重复指令；

- 经常让孩子重复活动；

- 在孩子做出尝试时表扬他；

- 在残疾孩子表现没有其他孩子好时，不要批评他们。

三、关于言语特殊困难儿童上学问题的小结

与其他涉及帮助残疾儿童的人士建立良好的关系是非常重要的。只有通

过合作才能取得进步。

即使一些残疾情况严重的孩子无法上幼儿园或小学，我们也应该确保那些能够从某种类型教育中受益的孩子们都有机会享受到可使用的教育资源。

我们可以通过以下方法做到：

- 了解可以获得哪些资源；
- 与教育界的同僚紧密配合；
- 通过与残疾孩子做合适的活动来为他将来上幼儿园或小学做好准备；
- 为我们所帮助的孩子写一份报告，总结他的能力并做合适的推荐；
- 支持孩子的老师，向他们提供关于如何在学校里帮助孩子的建议。

对于无法上幼儿园或小学的孩子，我们可以给他们的父母或其他家人在家里帮助他的建议。

结　语

本书中，言语特殊困难儿童包括声音排序困难儿童、清晰度困难儿童、口吃儿童和发音困难儿童。这些言语的特殊困难，其原因可能非常复杂，有可能涉及脑部损伤（从而患儿可能同时伴有其他残疾），也有可能只是某个或某些发音器官的问题。

本书只讨论了单纯的因发音器官病变而导致的言语特殊困难。因而，这样的言语特殊困难儿童在注意力、听力、模仿能力、轮流互动、游戏能力、理解能力和手势都没有较严重的困难。

只有言语困难的孩子能够理解口头语言。

言语有特殊困难的孩子知道自己想要说什么，但却不能清楚地说出来。所以，本书也主要讨论言语的训练。

我们要做的是，在准确评估儿童沟通能力的前提下，尽力发展儿童的口语交际能力。而为了达到这个目标，我们需要通过各种活动改善儿童言语表达的可理解性，帮助儿童更清晰地发出声音，帮助孩子以更放松更自然的心态说话。我们要尽力使儿童对交谈感到愉悦而不是恐惧。

通常，这些孩子的困难都十分复杂，可能会需要更进一步的帮助。与此同时，我们也对家长、老师以及康复师提出了一些建议。在必要时，要把孩子介绍给其他能够帮助他的专业人士，如医生等。

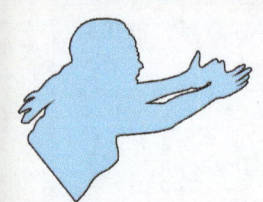

言语特殊困难儿童沟通能力康复训练手册

编后记

"0~6岁残疾儿童沟通能力康复训练手册"5本终于编完了,这里补充一点有关内容。

1. 本书编写出版的缘起

1997年,正在世界卫生组织(World Health Organization,WHO)的康复中心(Rehabilitation Unit)叫其下属的世界聋人协会(World Federation for the Deaf)以及国际听力困难者协会(International Federation of the Hard of Hearing)组织人讨论如何帮助听力损伤人士沟通能力康复的问题时,津巴布韦的两位语言治疗师Jenny Morris和Helen House把她们编写的《让我们沟通》(Let's Communicate—A Handbook for People Working with Children with Communication Difficulties)一书的手稿通过津巴布韦卫生部寄了过来。世界卫生组织安排专家(Ms M. Lundman, Ms J. Warner, Ms J. Marshall, Ms Liise Kauppine, Dr. Mark Ross等)对书稿进行审阅,要求内容达到国际水准。然后,在瑞典国际发展合作组织的支持下,该书由世界卫生组织及联合国儿童基金会共同制作并派发各地。

2007年,在香港上海汇丰银行有限公司的赞助下,香港复康会把本书翻译成中文并制派送给有关机构,译者是刘雪飞和洪艳秋,前者是来自中国红十字会房山儿童康复中心的专家。书稿译出后,请王润芬和梁秀贞审阅,并请阿高、陈子慧、游伟仲把原书中的以津巴布韦人为对象的插图改画成如今书中的形象式样。

2013年春，我的同事、中山大学出版社副编审葛洪在香港见到了这套书，产生了把这套书介绍给内地读者的想法。我完全赞同这一善举，于是立即着手在原译作基础上开始编制体例与目录的工作。按照葛洪和我的设想，原来包含12本小册子的一套书被改编为5本分别针对5种残疾儿童的家长及专业康复师读物。

2014年2月，国家出版基金规划管理办公室正式批准该套书的立项（项目编号2014R2-012）。该项目由葛洪和我负责。葛洪负责处理该书的版权、合作问题，我则负责按原先的设想，在原稿的基础上编写出这一套包含5本的图书。

2. 改编的思路

原书《让我们沟通》是一套写给社区康复人员阅读的指导书，用以指导康复人员如何帮助残疾儿童及其家长做好残疾儿童沟通能力康复工作。

原书分12个分册。1～3分册分别阐述沟通基本原理、评估沟通能力的方法以及如何制定康复目标。第4～8分册详细解释5类常见残疾患者沟通困难的成因、该如何为残疾儿童制定康复目标，以及如何实现这些目标。第9～11分册讨论如何在游戏、日常生活以及由不同残疾儿童家庭组成的互助小组中帮助残疾儿童发展沟通能力。最后第12分册讨论残疾儿童上幼儿园和小学的问题。

原书的结构是合理的，遵循的是"理论—问题—解决方案"的逻辑序列。但是，原书的目标读者是社区康复人员，他们可以把这样一套书用作案头工具。这样的编排，对于单个残疾儿童的家长来说，使用起来并不方便。

所以，我们在改写这套书时，就分5个专题，改编成5本书。编写的逻辑是：

某种残疾的含义—这种残疾产生的原因—沟通基本原理—这种残疾在沟通中产生的困难何在—评估儿童的沟通困难—根据儿童的具体情况为他制定康复目标—帮助孩子康复的各种活动—游戏与玩具—日常生活情景中的康复工作—残疾儿童家庭互助小组活动设计—残疾儿童接受教育的问题。

我们相信，这样的编排能更好地帮助家长为自己的孩子做出康复方面的安排。当然，在编写的实际过程中，考虑到每本书讨论的具体残疾不同，孩子所需要的帮助也不一样，因此，5本书各自的编排体例并没有完全按照上述结构，5种书包含的章节和篇幅并不是完全相同的。

3. 本土化问题

本套书原本是由津巴布韦的专家写的，而且距今有14年了。因此，书中的内容如果要符合当今中国读者的需要，就存在一个"本土化"与"当代化"的过程。

在改编的过程中，我们注意到，香港复康会7年前的译本就已经把原书中的图画"本土化"了。现在我们需要更进一步本土化的地方也还有一些。比如说，书中针对"听力损伤儿童"沟通能力的康复活动，提到了"手语"学习。原书使用的是津巴布韦手语，这就有必要改为《中国手语》中提到的手语了。

其次，书中提到"言语特殊困难"时，重点讲到的一种困难是"声音排

序困难",是指孩子能够正确发声,却不能按照正确的次序把声音组合成单词。对于汉语这种单音节语言,是否存在这样的言语困难,我不是很清楚。而我国的"言语残疾"标准提到的言语残疾,本书却没有专门论述。这是本套丛书还需要进一步完善的地方。

不过,就目前而言,我们已经就力所能及的范围内对原书稿做了"当代化"和"本土化"的工作,不足之处,则有待进一步完善。

4. 让我们都多一些关爱

做这样一套书,其意义自不用说。

这里,我想再次真诚地呼吁:让全社会都对残疾人士给予更多的关爱。

熊锡源

2014 年 10 月 7 日

附录：香港复康会简介

香港复康会
The Hong Kong Society for Rehabilitation

香港复康会于1959年成立，是香港特别行政区政府认可之非政府注册慈善团体。本会会徽以火凤凰"浴火重生"为精神，展示残疾人士能从残疾中重建新生；也表达本会的精神：朝气蓬勃、有远见、有承担。

香港复康会具有55年的服务经验，为残疾人士、慢性病患者及长者提供各类适切及优质的服务，包括无障碍交通及旅游、复康和持续照顾服务。从自助迈向互助，共建关爱社群；并倡议健全人士能够接纳他们，缔造一个伤健共融、关怀平等的社会。

抱负：
锐意成为无障碍交通、持续照顾及全人复康的卓越机构

使命：
透过为残疾人士及长者提供复康服务，倡议共融社会

价值观：
"尊重人"——信任、尊严、尊重、平等参与及沟通
"专业精神"——同理心、优质服务、持续发展、勇于承担及力臻至善
"诚信"——自主、自强及参加公共政策
"共融"——尊重多元化、以权责为本

本会现时提供的服务分为四大范畴：

1. 无障碍交通及旅游部

为行动困难的残疾人士提供无障碍交通服务，协助他们往返工作、学习、培训、医疗或社交地点。

附录：香港复康会简介

2. 复康部

为长期病患者及其家属或照顾者，提供社会及心理的支持服务。并且率先在香港推动自我管理计划，增强病人及其家属的自我管理能力，并为非政府组织提供专业培训。同时，亦协助成立病人自助组织，并提供专业支持服务。

3. 持续照顾部

营运三所护老机构，其中两所在香港，另一所位于深圳盐田区，是集合安老养老和康复医疗一体的香港赛马会深圳复康会颐康院，为愿意选择跨境养老的香港长者和追求优质安老生活的内地长者而设。

4. 国际及中国部

本会于1986年起被世界卫生组织委任为复康协作中心，我们的使命是培训内地的复康人才，推动社区为本复康。

我们的理念是专注本土能力建设、着重可持续发展、推动跨专业团队工作及朝向包融性社区发展。

过去二十多年，我们已培训超过30 000名复康工作人员，并已建立了一个拥有热诚康复工作者的网络，他们遍布中国内地23个省，5个民族自治区及4个直辖市，他们来自全国过千所医院、福利机构、康复中心及社区康复站。2008年汶川地震后，我们亦积极参与灾后复康工作，成立了复康资中心，透过跨专业的复康团队，持续为受伤灾民及当地残疾人士提供复康服务，并且引入社区复康服务模式。

与我们合作的单位有政府部门、残疾人联合会及非政府机构等，当中包括中华人民共和国民政部、中华人民共和国卫生部、中国残疾人联合会及各省市的残疾人联合会、武汉同济医院、中国康复医学会、安徽医科大学及第一附属医院、四川大学华西医院及各地省市的儿童福利院。

香港复康会联系方法
电话：（852）3143 2800
传真：（852）2855 1947
地址：香港九龙蓝田复康径7号综合中心一楼
电邮：hksr @ rehabsociety. org. hk
网址：www. rehabsociety. org. hk.